HEYNE BÜCHER

D1859332

HEYNE KOCHBÜCHER

BARBARA RIAS-BUCHER

Das vegetarische Pasta-Buch

Die feinsten internationalen Nudelgerichte ohne Fleisch

Originalausgabe

WILHELM HEYNE VERLAG
MÜNCHEN

HEYNE KOCHBUCH
07/4552

Printed in Germany 1988
Umschlagfoto: Studio Teubner, Füssen
Umschlaggestaltung: Atelier Ingrid Schütz
Innenfotos: Studio Eising, München; Studio Teubner, Füssen
Satz: Schaber, Wels
Druck und Bindung: Ebner Ulm

ISBN 3-453-02702-7

INHALT

Abkürzungen:

EL = Eßlöffel	g = Gramm
TL = Teelöffel	l = Liter
Msp = Messerspitze	ccm = Kubikzentimeter

Die Rezepte sind, wenn nicht anders angegeben, jeweils für vier Personen berechnet.

Nudeln – die Fitmacher

Nudeln sind allseits begehrt: Kinder lieben und genießen sie ganz unbeschwert. Erwachsene gönnen sich die begehrte Pasta vor allem »beim Italiener«: mal die kleine Portion als Zwischengericht, mal »Nudeln satt« als Hauptsache. Allzuoft wagt man sich nicht dran — der schlanken Linie wegen.
Ganz zu Unrecht, denn Nudeln machen nicht dick, sondern fit. Als gesunde, für die Ernährung sogar notwendige Getreideprodukte enthalten vor allem Vollkornnudeln — selbst zubereitet oder gekauft — eine ganze Menge hochwertiges Eiweiß, lebenswichtige Mineralstoffe und verdauungsfördernde Ballaststoffe. In der vegetarischen Küche sind sie die ideale Ergänzung zu Milchprodukten, Eiern und Hülsenfrüchten: Diese Kombinationen liefern dem Organismus soviel wertvolles Eiweiß, daß man auf eine Fleisch- oder Fischmahlzeit getrost verzichten kann.
Genießen Sie deshalb Nudeln in allen Variationen, die Ihnen dieses Buch bietet: Probieren Sie die delikate Pasta in Suppen und Eintöpfen, Aufläufen und Gratins, kochen Sie internationale Spezialitäten oder bereiten Sie ein schnelles Nudelgericht zu, das fast keine Arbeit macht und trotzdem eine richtige Delikatesse ist.

In diesem Kochbuch finden alle das Gewünschte: die Nudelfans, die ihr Repertoire erweitern wollen und die Vegetarier, die es »kernig« mögen und nach neuen Anregungen für eine vollwertige Ernährung suchen.
Genaue Anleitungen für die selbstgemachte Pasta mit verschiedenen Getreidesorten, Tips zum richtigen Garen und eine ausführliche Warenkunde, ergänzt durch spezielle Produkte der Vollwertküche, geben Ihnen alle Informationen, die Sie brauchen, wenn Sie nicht nur köstlich, sondern auch gesund und zeitgemäß kochen wollen.

Wissenswertes über Nudeln

Wer Nudeln im Supermarkt kauft, hat noch ein einigermaßen überschaubares Angebot vor sich; im italienischen Spezialgeschäft wird es schon schwieriger: so vielfältig die Nudelsorten, so unterschiedlich sind auch die Bezeichnungen. Und im asiatischen Lebensmittelladen braucht man erst recht ein paar Informationen, damit man die richtigen Nudeln kauft. Alles Wissenswerte finden Sie hier stichwortartig zusammengestellt.

Die Zutaten

- Nudeln mit mehr oder weniger hohem Vollkornanteil, die noch viele Nährstoffe, reichlich Ballaststoffe und hochwertiges Eiweiß enthalten, gibt es in Reformhäusern, Naturkostläden und — in unterschiedlicher, manchmal ziemlich mittelmäßiger Qualität — in Supermärkten zu kaufen. Angeboten werden vor allem Spaghetti, Makkaroni, Bandnudeln, Spiralen, Hörnchen und Suppennudeln aus Weizenvollkornmehl, Hart- oder Weichweizen, Gersten-, Hafer-, Roggen-, Hirse-, Sechskorn- und Sojamehl. Außerdem gibt es grüne Nudeln, Buchweizen- und Weizenkeimnudeln. Besonders Weizenkeim-, Soja- und Hirsenudeln eignen sich gut als Einstieg in die vollwertige Nudelküche: Trotz des angenehm kernigen Bisses sind diese Nudelsorten keine kräftige Körnerkost und passen zu allen Zubereitungen. Sehr kernige, dunkle Vollkornnudeln schmecken am besten mit Sahne- und/oder Käsesaucen. Vollkornnudeln werden ebenso wie andere Nudeln in sprudelnd kochendem Salzwasser gegart, abgegossen und mit den übrigen vorbereiteten Zutaten gemischt.

- »Weiße« Nudeln bestehen aus Weizenmehl und/oder -grieß (Weichweizen- oder Hartweizengrieß). Auf der Verpackung ist angegeben, ob sie auch Eier enthalten. Wenn Teigwaren ohne Eier zubereitet sind, muß das nicht eigens gekennzeichnet werden.

Die Formen

- *Spaghetti* sind die wohl bekanntesten (italienischen) Nudeln. Es gibt sie in verschiedener Länge und unterschiedlicher Dicke: Spaghettini und Linguine sind ganz dünn, Linguine dazu nicht rund, sondern abgeflacht; gewellte Spaghetti heißen Fusilli. Spaghetti schmecken in allen Zubereitungsarten: nur mit Butter und Parmesan, mit Öl und Knoblauch oder mit einer beliebigen Nudelsauce. Die langen, italienischen Spaghetti werden vor dem Kochen übrigens in etwa 20 cm lange Stücke gebrochen.

- *Makkaroni:* Röhrennudeln mit ebenfalls unterschiedlicher Dicke: dünne Nudeln heißen Bucatini, dickere Ziti, Zitoni oder Candele. Die Zubereitung entspricht der von Spaghetti; außerdem schmecken besonders die dikken Makkaroni mit deftigen Zutaten und in Aufläufen.

- *Lasagne* nennt man sowohl die etwa 8 mal 18 cm großen Teigplatten, als auch das Backofengericht, das mit den Platten zubereitet wird. Es gibt weiße und grüne Lasagne(blätter). Auf der Verpackung steht, ob man sie vorkochen muß oder gleich mit den anderen Zutaten einschichten kann. Selbstgemachte Nudelplatten für Lasagne werden ganz frisch, d.h. noch feucht, eingeschichtet. Sobald sie getrocknet sind, muß man sie vorkochen.

- *Cannelloni* sind etwa 8 cm lange, sehr dicke Röhrennudeln, die beliebig gefüllt, mit einer Sauce übergossen, mit Käse bestreut und im Ofen gebacken werden. Achten Sie beim Kauf darauf, ob die Cannelloni vorgegart werden müssen (steht auf der Verpackung). Cannelloni aus selbstgemachtem, frischem Nudelteig rollt man zu Teigplatten aus, bestreicht sie mit der Füllung und legt sie zusammengerollt in die Form.

- *Bandnudeln (Fettuccine)* gibt es in unterschiedlicher Breite. Trenette und Tagliolini sind sehr schmal, Tagliatelle ½ bis 1 cm, Pappardelle (Lasagnetti, Fettuccelle) etwa 2 cm breit. Außerdem gibt es rote, grüne und am Rand gewellte Bandnudeln. Sie eignen sich für alle Nudelgerichte.

- *Gabelspaghetti* sind kurze, gebogene Hohlnudeln, die mit Saucen, in Eintöpfen und Aufläufen schmecken.

- *Spirelli* sind spindelförmig gedrehte, kurze Nudeln, die Saucen besonders gut aufnehmen.

- *Muschelnudeln (Conchiglie)* erinnern in Form und aufgrund der geriffelten Oberfläche an Muscheln. Sie eignen sich für Saucengerichte und Aufläufe.

- *Penne* sind kurze, italienische Hohlnudeln mit schräg abgeschnittenen Enden, die wie dicke Federkiele aussehen.

- *Rigatoni:* Kurze, glatte oder geriffelte Röhrennudeln, etwas dicker als Makkaroni.

- *Trulli (Ruote):* Nudeln, die Wagenrädern nachgebildet sind und durch Form und geriffelte Oberfläche Saucen gut aufnehmen.

- *Spätzle* sind kurze Eierteigwaren, die man selbst machen (siehe Rezept Seite 50) oder fertig kaufen kann.

- *Fleckerl* ist die süddeutsche Bezeichnung für dünne, rechteckige Teigstücke von etwa 2 cm Kantenlänge. Sie werden wie Nudeln, oft allerdings mit besonders kräftigen Beigaben wie Sauerkraut und Hülsenfrüchten zubereitet. Fleckerl kann man aus jedem Nudelteig selbst machen oder auch fertig kaufen.

- *Schmetterlingsnudeln* sehen aus wie Fleckerl, die in der Mitte zusammengedrückt sind.

- *Suppennudeln* sind die kleinsten und/oder dünnsten Nudeln, mit denen man vor allem klare Suppen anreichert. Man kann sie in der Brühe oder getrennt in Salzwasser garen.

- *Fadennudeln (Capellini)* sind sehr dünne Suppennudeln, die meist zu Nestern gedreht angeboten werden.

- *Riebele* bestehen aus getrocknetem Nudelteig, der in die Suppe gerieben wird.

Gefüllte Teigwaren

- *Ravioli* sind quadratische oder länglich-rechteckige Teigtaschen mit Fleisch-, Käse- und/oder Kräuterfüllung, die in Supermärkten, Feinkostläden und italienischen Lebensmittelgeschäften frisch, vakuumverpackt oder getrocknet angeboten werden.

• *Tortellini* sind ebenfalls gefüllte Teigtaschen, die zu Ringen zusammengedrückt werden. Sie finden auf den Seiten 127 bis 153 eine Reihe von Rezepten für selbstgemachte, gefüllte Teigwaren. Alle Gerichte können Sie selbstverständlich auch mit gekauften Ravioli oder Tortellini zubereiten.

Asiatische Nudelsorten

• *Glasnudeln:* Weiße, hauchdünne, fast durchsichtige Nudeln, die aus Hülsenfrüchten (z. B. gemahlenen Mungobohnen) oder Reismehl hergestellt werden. Für Salate und warme Gemüsegerichte weicht man sie vor der Zubereitung in warmem Wasser ein, damit sie geschmeidig werden, mischt sie unter das Gericht oder gart sie kurz mit. In Suppen kocht man die trockenen Nudeln kurz auf. Glasnudeln schmecken als Suppeneinlage, Salatzutat und an allen Fleisch- und Gemüsegerichten der (ost)asiatischen Küche.

• *Reisnudeln* sind ebenfalls milchigweiße Nudeln mit unterschiedlichen Formen: manche sehen aus wie Spaghetti, andere wie Band- oder Fadennudeln. Dicke Reisnudeln müssen etwa 1 Stunde vorgeweicht und 1 Minute sprudelnd gekocht werden. Spaghettiähnliche Reisnudeln enthalten Weizenmehl und sind (ebenfalls vorgeweicht) nach einigen Minuten gar. Dünne Reisnudeln bereitet man wie Glasnudeln zu.

• *Chinesische Eiernudeln* werden meist getrocknet und in Quaderform gepreßt angeboten. Für die Zubereitung gibt man sie in sprudelnd kochendes Salzwasser und läßt sie darin neben der Kochstelle (beim Gasherd nur Flamme ausschalten) etwa 4 Minuten ziehen. Mit einer

Gabel einige Male umrühren, abgießen und je nach Rezept weiterverarbeiten.

- *Soba* sind Buchweizennudeln, die wie hellgraue Spaghetti aussehen und gut zu kräftigen Nudelzubereitungen passen.

Tips zum guten Gelingen

Der Nudelteig

- Nudeln können Sie gut auf Vorrat zubereiten und aufbewahren: Die geschnittenen Nudeln ausgebreitet etwa zwei Tage trocknen lassen, bis sie hart sind. In Gläsern, Dosen oder Plastiktüten abgepackt kühl und trocken lagern. Achten Sie bitte darauf, daß die Nudeln wirklich ganz trocken sind, damit sie beim Lagern nicht schimmeln.

- Vollkornmehl — ob selbstgemahlen oder gekauft — hat einen mehr oder weniger hohen Kleieanteil. Sie sollten das Mehl deshalb vor der Verarbeitung sieben (die Kleie können Sie fürs Müsli oder zum Panieren von Fleisch, Fisch oder Tofu verwenden), damit der Teig schön geschmeidig wird und die Nudeln nicht brechen.

- Richtig geschmeidig wird Nudelteig auch durch gründliches Kneten. Eine Nudelmaschine mit Handkurbel ist dafür sehr praktisch: Sie brauchen den Teig nicht mit den Händen zu kneten, sondern drehen ihn portionsweise so oft durch die Maschine, bis er glatt ist. Die Teigplatte(n) dabei jeweils zweimal zusammenfalten und um 180 Grad gedreht wieder in die Maschine geben.

- Die Teigplatten dürfen nicht zu lange trocknen, sonst könnten die Nudeln beim Schneiden brechen.

- Bei Vollkornnudeln mit Gemüse- oder Kräuterpüree läßt sich die Mehlmenge nicht exakt angeben; je nach Flüssigkeitsgehalt des Pürees braucht man mehr Mehl, damit der Teig glatt wird. Das Ei(gelb) sollten Sie nicht einsparen, selbst wenn Sie beim ersten Durchkneten merken, daß der Teig sehr weich ist. Es macht den Teig nämlich so geschmeidig, daß die Nudeln nicht brechen.

- Spätzle, eine süddeutsche Spezialität, sind viel rascher zubereitet als selbstgemachte Nudeln und lassen sich wie alle anderen Teigwaren mit Gemüse, beliebigen Saucen und/oder Käse anrichten.

- Wasser können Sie in jedem Spätzleteig ganz oder teilweise durch Eier ersetzen; viele Eier machen die Spätzle sehr kernig, allerdings auch kalorienreicher.

- Bei gefüllten Teigwaren wie Maultaschen, Ravioli und Tortellini läßt sich die Menge der Füllung nicht exakt angeben: Es kommt z. B. darauf an, wie dünn der Teig ausgerollt wird. Bei Gemüsefüllungen spielt auch der Flüssigkeitsgehalt des Gemüses eine Rolle. Übrig gebliebene Füllungen können Sie einfrieren (ausgenommen Farce mit Tiefkühl-Spinat oder Kartoffeln). Wenn die Füllung nicht ganz reicht, wird der verbliebene Teig zu Nudeln verarbeitet.

Nudeln garen

- Nudeln müssen beim Kochen schwimmen: pro 100 g rechnet man 1 l Wasser.

- Das Wasser muß gesalzen sein, sonst schmecken die Nudeln fade (es hilft auch nichts, die bereits gegarten Nudeln nachzusalzen); auf 4 l Wasser nimmt man etwa 2 TL Salz.

- Das Wasser muß richtig sprudeln, damit der Garprozeß sofort beginnt und die Nudeln kernig werden; am besten läßt man das Wasser deshalb etwa 2 Minuten kochen, bevor man die Nudeln zugibt.

- Öl im Kochwasser ist nicht notwendig: In sprudelnd kochendem Wasser kleben die Nudeln nicht zusammen. Damit sie nicht am Topfboden haften, rührt man sie während des Garens häufig mit einer Gabel um.

- Nudeln immer im offenen Topf kochen: So können Sie sehen, ob das Wasser wirklich sprudelt — und gegebenenfalls das Überkochen verhindern, indem Sie rechtzeitig ¼ Tasse kaltes Wasser zugießen. Nehmen Sie nicht zuviel Wasser, damit der Garprozeß nicht unterbrochen wird.

- Bei fast allen Gerichten wird zuerst Beilage oder Sauce zubereitet; gegarte Nudeln sollten sofort angerichtet werden, damit sie schön locker bleiben. Nur ganz zarte, empfindliche Nudelsaucen (z.B. mit Fisch) müssen zubereitet werden, während die Nudeln garen.

- Nudeln schmecken am besten bißfest (al dente) gegart; die genaue Zeit läßt sich nicht angeben, denn sie hängt von Zusammensetzung und Feuchtigkeit des Teiges ab. Trockene Nudeln brauchen länger, frische sind in 1 bis 3 Minuten gar. Probieren Sie die Nudeln während des Garens einige Male, bis sie den richtigen Gargrad erreicht haben.

- Die gegarten Nudeln im Topf zum Ausguß tragen, einen Schuß kaltes Wasser in das Kochwasser laufen lassen und die Nudeln in ein Sieb abgießen. Sie sollten die Nudeln niemals auf dem Sieb kalt abschrecken: Sie kleben dann nämlich zusammen und nehmen die Sauce nicht mehr auf.

- Die abgegossenen heißen Nudeln sofort mit der heißen Beilage und/oder Sauce mischen und anrichten.

- Gegarte Nudeln oder Spätzle, die weiterverarbeitet werden — z. B. als Auflauf, gebratene Nudeln oder Käsespätzle —, mischen Sie mit etwas Butter oder auch Kochwasser und halten sie im vorgeheizten Backofen bei etwa 75° warm.

- Kochwasser von Vollkornnudeln enthält gelöste Nährstoffe; man kann es deshalb zur Zubereitung von (Gemüse)brühen verwenden.

Kleine Warenkunde

Einige Zutaten, die in den Rezepten genannt werden, sind Ihnen vielleicht nicht vertraut oder Sie suchen zusätzliche Informationen. Hier finden Sie in alphabetischer Reihenfolge alles Wissenswerte zusammengestellt.

Austernpilze: Besonders feine Zuchtpilze mit intensivem Pilzaroma. Sie eignen sich für alle Nudelzubereitungen; am besten jedoch schmecken sie geröstet oder gegrillt als Beigabe zu Salaten. Da sie auf Strohballen wachsen, müssen sie zwar nicht gewaschen, doch gründlich gesäubert werden.

Auszugsmehl: Das im Haushalt meist verwendete Weizenmehl der Type 405 sowie alle anderen niedrig ausgemahlenen Mehle. Diese Mehle enthalten nur noch wenige Ballast- und Nährstoffe, weil vor dem Vermahlen die Randschichten und der Keimling der Getreidekörner entfernt werden (*siehe* auch Stichwort »Mehl«). Nudelteige gelingen mit Vollkornmehl ebensogut und sind weit nährstoffreicher. Wer den Teig nicht ganz so dunkel mag, mischt Vollkornmehl und Auszugsmehl zu gleichen Teilen.

Balsamessig: Auch »aceto balsamico« genannt. Sehr feiner und milder Essig aus Italien mit leicht süßlichem Geschmack. Erhältlich in Feinkostläden und italienischen Lebensmittelgeschäften.

Bambussprossen: Triebe der jungen, immergrünen Bambuspflanzen, die in Asien als spargelähnliches Gemüse in den Handel kommen. Bei uns in Dosen erhältlich.

Bergkäse: Wird, wie Emmentaler, aus roher Milch hergestellt und schmeckt je nach Alter mild bis kräftig. Fettgehalt mindestens 45 %, meist um die 60 %. Bergkäse eignet sich gut zum Überbacken und zum Binden von Füllungen und Saucen.

Bockshornklee: Getrocknete Samen einer in Nordafrika und Indien meist wildwachsenden Pflanze, Bestandteil mancher Currypulver (*siehe* dort). Bockshornkleesamen schmecken würzig, leicht bitter und lassen sich nicht nur getrocknet als Gewürz verwenden, sondern auch als Sprossen (*siehe* dort) keimen.

Bohnen: Hülsenfrüchte, von denen man entweder die Schoten oder die Samen verzehrt. Frische grüne Bohnen kommen etwa ab Mai auf den Markt. Die verschiedenen Sorten erkennen Sie an den Schoten: Die breiten, flachen Stangenbohnen mit ziemlich grobem Fleisch müssen vor dem Garen zerkleinert werden. Buschbohnen mit runden bis ovalen Schoten schmekken auch unzerteilt als Gemüse oder Salat. Gelbe Wachsbohnen eignen sich am besten für Salate. Prinzeß- oder Filetbohnen, auch »Haricot verts« genannt, haben ganz dünne, zarte Schoten und sind eine delikate Gemüsebeilage. Je nach Saison gibt es auch Bohnensamen frisch zu kaufen. Meist verwendet man aber die getrockneten Samen, die das ganze Jahr über angeboten werden; Sie können wählen zwischen roten, weißen, schwarzen und braunen Bohnen. Getrocknete Bohnensamen müssen grundsätzlich vorgeweicht werden — am besten über Nacht — und haben dann eine Garzeit von 2 bis 2½ Stunden. Bei allen Bohnen, ob frisch oder getrocknet, ist ausreichendes Garen notwendig, denn erst dadurch wird das Phasin, ein natürliches Gift, unschädlich gemacht.

Buchweizen: Ein Wiesenkraut mit dreieckigen Früchten ähnlich Bucheckern, das man in der Küche wie Getreide verwendet. Da er fast kein Klebereiweiß enthält, mischt man ihn für geschmeidigen Nudelteig mit Weizen oder Dinkel. Im Lebensmittelhandel gibt es Buchweizen in ganzen Körnern, geschrotet oder schon gemahlen zu kaufen. Außerdem wird er auch geröstet als »Kasha« angeboten.

Bulgur: Heißt auch Bulghur oder Burghul und wird vor allem im Nahen und Mittleren Osten häufig verzehrt. Es wird aus vorgeweichtem, gekochtem und anschließend getrocknetem Weizen hergestellt.

Cashew-Nuß: Steinfrucht des Cashewbaumes mit ölhaltigen, halbmondförmigen, sehr aromatischen Nußkernen. Werden in der Küche wie alle anderen Nußkerne verwendet.

Cayennepfeffer: Wird aus getrockneten Chilischoten hergestellt. Wegen seiner feurigen Schärfe sollte man ihn vorsichtig dosieren.

Curry: Englische Bezeichnung für die scharfen Fleisch-, Fisch- und Gemüseragouts der indischen Küche. Die

Gewürzmischung dazu heißt »garam masala« und besteht aus verschiedenen Zutaten: z. B. schwarzen Pfefferkörnern, Koriander, Kreuzkümmel, Kardamom, Gewürznelken, Zimt, Bockshornklee, Ingwer und Muskat. Die Schärfe bekommt es durch Cayennepfeffer und Ingwer, die gelbe Farbe durch Gelbwurz (Kurkuma). Aus Garam Masala ist das Currypulver entstanden, das allerdings sehr auf den europäischen Geschmack abgestimmt ist. Am besten stellt man — wie in den entsprechenden Rezepten beschrieben — die Würzmischung selbst her.

Dicke Bohnen: Heißen auch Pferde- oder Saubohnen. Es sind große, flache Bohnensamen, die Sie frisch, getrocknet oder tiefgefroren kaufen können.

Dinkel: Naher Verwandter des Weizens mit feinem nußartigen Geschmack. Da er reichlich Klebereiweiß enthält, eignet er sich neben allen anderen Getreidezubereitungsarten auch für alle Teige. Aus den halbreifen Körnern des Dinkels stellt man Grünkern her.

Eier: Gibt es in verschiedenen Gewichtsklassen, die durch Ziffern bezeichnet werden:

Gew.-Kl. 1: mindestens 70 g
Gew.-Kl. 2: 65—70 g
Gew.-Kl. 3: 60—65 g
Gew.-Kl. 4: 55—60 g
Gew.-Kl. 5: 50—55 g
Gew.-Kl. 6: 45—50 g
Gew.-Kl. 7: 45 g und weniger

Güteklasse und Frischegrad finden Sie auf der Verpackung: Güteklasse A bedeutet »frisch«, jedoch nicht »nestfrisch« und heißt nur, daß die Eier nicht mit speziellen Verfahren haltbar gemacht worden sind. Die Wochennummer auf der Packung besagt, daß die Eier in dieser Woche verpackt wurden; nach den Bestimmungen dürfen sie dann bereits sieben Tage alt sein. Es gibt aber zwei Möglichkeiten, den Frischegrad von Eiern zu prüfen — allerdings erst, nachdem man sie schon gekauft hat:

1. Das Ei in eine Schüssel mit kaltem Wasser legen. Ein nestfrisches, also etwa zwei Tage altes Ei sinkt zu Boden, da die Luftkammer im Inneren noch sehr klein ist. Ein etwa sieben Tage altes Ei richtet sich halb auf, ein zwei bis drei Wochen altes steht auf der Spitze und ein älteres beginnt zu schwimmen. Eier, die an der Oberfläche schwimmen, sollte man nicht mehr verwenden.

2. Das Ei auf einen flachen Teller schlagen. Beim nestfrischen Ei ist der Dotter halbkugelförmig, das gallertartige Eiweiß umgibt ihn wie ein Ring. Je älter das Ei, desto mehr läßt seine Spannkraft nach: Das Eiweiß wird zunehmend wäßrig, der Dotter flach. Am besten schmekken übrigens zehn Tage alte Eier.

Ohne Frage ist die heute übliche Käfighaltung von Hühnern Tierquälerei. Außerdem wirkt sich die Massentierhaltung auf die Qualität der Eier aus, da den Tieren vorbeugend Medikamente gegen Infektionskrankheiten verabreicht werden. Hinzu kommen oft minderwertige Futtermittel und/oder (unschädliche) Farbstoffe, um die Dotter gelb zu färben.
In Reformhäusern, Naturkostläden und einigen Supermarktketten werden inzwischen wieder Eier von freilaufenden Hühnern (nicht zu verwechseln mit Bodenhaltung!) angeboten.

Emmentaler: Hartkäse mit 45 % Fettgehalt und kirschgroßen, gleichmäßig verteilten Löchern. Junger, d.h.

drei bis fünf Monate alter Emmentaler schmeckt sehr mild; je älter er wird, desto stärker prägt sich sein feines nußartiges Aroma aus. Er schmeckt am besten, wenn man ihn am Stück kauft und frisch reibt. Emmentaler paßt zu herzhaften Nudel- oder Spätzlezubereitungen, Aufläufen, Soufflés und Gratins.

Erbsen: Hülsenfrüchte, die frisch, tiefgekühlt, in Konserven oder getrocknet angeboten werden. Frische grüne Erbsen sind ziemlich teuer. Außerdem gibt es auch noch eine besondere Züchtung, die sogenannten Zuckerschoten. Es sind zarte, fleischige Schoten, die man in Butter gedünstet als Gemüsebeilage oder kurz in Brühe gegart als Suppeneinlage serviert. Getrocknete grüne oder gelbe Erbsen gibt es geschält und ungeschält.

Frischkäse: Sind noch nicht gereifte, weiche Naturkäse aus Kuh- oder Schafmilch oder einem Gemisch aus beiden. Mozzarella (*siehe* dort) wird in seiner besten Qualität aus Büffelmilch hergestellt. Körniger Frischkäse ist eine besondere Zubereitung aus Magermilch mit rein weißem Teig, gleichmäßig geformten Körnern und mildsäuerlichem Geschmack. Sahniger Rahmfrischkäse (Fettgehalt mindestens 50%) und Doppelrahmfrischkäse (Fettgehalt 60%) bestehen aus Quark mit Sahne- oder Butterzusatz. Zu den Frischkäsen zählen auch Schichtkäse, Speisequark, Mascarpone und Ricotta (*siehe* dort). Frischkäse eignet sich besonders gut für Füllungen von Tortellini u.a.

Gelbwurz: Heißt auch Kurkuma und ist der Wurzelstock eines Ingwergewächses. Färbt Speisen gelb und ist Bestandteil des Currypulvers. Erhältlich in Naturkostläden, Reformhäusern, gut sortierten Supermärkten und Apotheken.

Gemüsebrühe: Grundlage für Suppen und Saucen. Sie können Gemüsebrühe ebenso wie Fleischbrühe auf Vorrat kochen und einfrieren oder als Instant-Brühe im Naturkostladen oder Reformhaus kaufen. Instant-Brühe enthält unter anderem Kräuter, Hefe und eventuell Salz. Frisch gekochte Gemüsebrühe bewahren Sie bitte zugedeckt im Kühlschrank auf; sie hält sich höchstens drei Tage.

Gerste: Getreide, das zu den ältesten Kulturpflanzen gehört. Enthält weniger Eiweiß als Weizen und kaum Klebereiweiß. Deshalb muß Gerstenmehl für Nudelteig mit Weizenmehl gemischt werden.

Gorgonzola: Edelpilzkäse aus Kuhmilch mit einem Fettgehalt von 48%. In der Konsistenz ist er weich, fast streichfähig, im Geschmack sehr würzig. Gorgonzola schmeckt an Füllungen für Tortellini u. ä. oder an Nudelsaucen.

Greyerzer (Gruyère): Schweizer Hartkäse mit 48—49% Fettgehalt. Greyerzer schmeckt noch würziger als Emmentaler und eignet sich mit seinem weichen, zartschmelzenden Teig gut zum Überbacken und für Aufläufe.

Grünkern: Wird aus Dinkel gewonnen. Die halbreif geernteten, noch grünen Körner des Dinkels werden mit Heißluft getrocknet (gedarrt). Sie bekommen so ein kräftiges Aroma und sind leichter verdaulich. Grünkern enthält viel hochwertiges pflanzliches Eiweiß, Calcium, Phosphor und Eisen.

Gouda: Holländische Käsespezialität, benannt nach der gleichnamigen Stadt, mit stroh- bis dunkelgelbem Teig und einem Fettgehalt von etwa 48%. Gouda bekommen Sie in drei verschiedenen Reifestufen: jungen (Reifezeit bis zu acht Wochen), mittelalten (Reifezeit zwei bis sechs Monate) und alten (Reifezeit länger als sechs Monate; Fettgehalt 55%) Gouda. Junger Gouda ist sehr weich, schmeckt mild und sahnig und eignet sich zum Überbacken. Mittelalter Gouda ist herzhaft im Geschmack und paßt gut zu kräftigen Nudelsaucen. Alter Gouda hat einen ebenso schuppigen Teig wie Parmesan und wird auch wie dieser verwendet: z.B. frisch gerieben über Nudelgerichten. Käse nach Gouda-Art gibt es auch als deutsches Erzeugnis.

Hafer: Bis ins 18. Jahrhundert wichtiger Bestandteil der Ernährung. Dann ersetzte man den Frühstücksbrei durch Brot, und Kartoffeln wurden zum Volksnahrungsmittel. Hafer verschwand allmählich vom Speisezettel und galt fortan als Kranken- und Kinderkost. Er enthält mehr hochwertiges Eiweiß als alle anderen Getreidearten, reichlich essentielle Fettsäuren, Vitamine und Mineralstoffe. Die ganzen Körner verarbeitet man genauso wie anderes Getreide. Aufgrund seines geringen Anteils an Klebereiweiß eignet sich Hafermehl für Teige nur in Verbindung mit Weizen- oder Dinkelmehl.

Haselnüsse: Schmecken am besten im Herbst, wenn sie frisch auf den Markt kommen. Achten Sie bitte grundsätzlich auf das Haltbarkeitsdatum: Die fettreichen Nüsse werden schnell ranzig. Inzwischen gibt es in Reformhäusern und Naturkostläden biologisch angebaute Haselnüsse, die im Bergland Nordsiziliens geerntet werden und fast frei von Strahlenbelastung sind.

Hirse: Von allen Getreidearten die mit den kleinsten und härtesten Körnern. Zum Garen braucht sie jedoch nur kurze Zeit, und Quellen ist nicht notwendig. Wie der Hafer spielte sie früher in der Ernährung eine wichtige Rolle. Mit der Verfeinerung unserer Eßgewohnheiten verschwand sie dann vom Speisezettel. Dabei ist sie leicht verdaulich, reich an Vitaminen und Mineralstoffen, gut für Zähne und Haut. Außer den ganzen Körnern gibt es Hirse auch als Flocken zu kaufen. Da Hirsemehl einen geringen Anteil an Klebereiweiß besitzt, muß es für Nudelteig mit Weizen- oder Dinkelmehl gemischt werden.

Ingwer: Knollige Wurzel einer südostasiatischen Pflanze, die es auch bei uns frisch, getrocknet, eingelegt, kandiert oder gemahlen zu kaufen gibt. Am besten schmeckt natürlich die frische Ingwerwurzel, die man wie eine Kartoffel schält und im Ganzen oder in Scheibchen geschnitten mitgart und vor dem Servieren wieder entfernt. Den würzig-scharfen Ingwer sollten Sie vorsichtig dosieren.

Kardamom: Bestandteil des Currypulvers, bei uns hauptsächlich als Lebkuchengewürz bekannt. Kardamomkapseln gibt es ganz, Kardamomkörner ebenfalls ganz oder gemahlen. Erhältlich ist das Gewürz in Reformhäusern, Naturkostläden und — meist gemahlen — in Supermärkten.

Kichererbsen: Hülsenfrüchte mit gelben bis rötlichen, unregelmäßig geformten Samen, die es getrocknet oder in Konserven zu kaufen gibt.

Koriander: Gewürzpflanze mit pfefferkornartigen Früchten. Bestandteil des Currypulvers und Brotgewürz.

Kreuzkümmel: (Kumin, Cumin, Djintan) Samen eines Doldengewächses, das schon von den Ägyptern als Gewürz verwendet wurde. Bestandteil des Currypulvers, Gewürz in der lateinamerikanischen und arabischen Küche. Schmeckt ähnlich wie Kümmel, allerdings etwas »sanfter«.

Kürbiskerne: Samen der Kürbispflanze, zählen zu den Ölsaaten und enthalten reichlich Eiweiß, mehrfach ungesättigte Fettsäuren, Vitamine der B-Gruppe, Vitamin E und Mineralstoffe. Kürbiskerne gibt es geschält oder ungeschält und gesalzen.

Linsen: Hülsenfrüchte mit grünlich-braunen, roten oder schwarzen Samen, reich an pflanzlichem Eiweiß, Vitaminen der B-Gruppe, Eisen, Kalium und Phosphor. Meist werden bei uns die grünbraunen Linsen verwendet. Die roten (geschälten) und die schwarzen Linsen (Puy-Linsen) sind jedoch viel aromatischer und haben eine kürzere Garzeit. Übrigens läßt sich die genaue Garzeit von Linsen — wie bei allen Hülsenfrüchten nicht angeben: Sie hängt davon ab, wie lange die Produkte bereits gelagert sind; »alte« Linsen brauchen mehr Zeit als junge.

Lunja: Sprossen der gelben Sojabohne, frisch oder konserviert im Handel.

Mais: Getreide, das weniger Eiweiß als die anderen Getreidearten enthält (ausgenommen Reis, dessen Eiweißgehalt noch geringer ist). Frische Zuckermaiskolben werden unreif geerntet und kommen von August bis in den Spätherbst auf den Markt. Maiskörner gibt es konserviert in Dosen.

Maiskeimöl: Wird aus dem Keim des Maiskorns gewonnen, enthält mehrfach ungesättigte Fettsäuren und die lebenswichtige (essentielle) Linolsäure.

Mandeln: Gibt es als süße und bittere Mandeln. Bittere Mandeln enthalten reichlich Blausäure, sind also in größeren Mengen genossen hochgiftig (bei Kindern rufen bereits etwa sieben Bittermandeln tödliche Vergiftungen hervor). Zum Backen sollten Sie keine Bittermandeln verwenden, sondern künstlich hergestelltes, unschädliches Bittermandelöl. Mandeln werden aufgrund ihres hohen Fettgehaltes leicht ranzig. Kaufen Sie deshalb möglichst nicht schon geriebene Mandeln, sondern schälen, trocknen und reiben Sie die Mandeln selbst jeweils nach Bedarf. Zum Schälen die Mandeln mit kochendem Wasser überbrühen, etwa 5 Minuten ziehen lassen, abgießen und kalt abschrecken. Die abgezogenen Mandeln auf einem Backblech ausgebreitet vollkommen trocknen, damit sie beim Lagern nicht schimmeln.

Mangold: Gemüse mit fleischigen Stielen und Rippen und mehr oder weniger großen Blättern. Botanisch zählt Mangold zu den Rüben, verwendet wird er in der Küche wie Blattgemüse — gedünstet, für Gemüseröllchen oder an Salaten. Man unterscheidet zwischen Rippenmangold (Krautstiel, Stielmangold) mit besonders großen Stielen und Blättern und Blatt- oder Schnittmangold mit sehr dünnen Stielen und großen, zuckerrübenartigen Blättern. Rippenmangold aus dem Freiland bekommen Sie von Ende Juni bis Anfang November; von Dezember bis Ende März kommt er aus dem Treibhaus. Schnittmangold gibt es bei uns selten zu kaufen, weil er inzwischen weitgehend durch den Spinat verdrängt worden ist. Für Gartenbesitzer: Er läßt sich gut im Gemüsebeet ziehen und kann den ganzen Sommer hindurch geerntet werden.

Mascarpone: Ganz leicht säuerlicher, sehr cremiger italienischer Frischkäse, in der Konsistenz wie Doppelrahmfrischkäse. Er eignet sich für Füllungen von Tortellini u.a. Mascarpone gibt es frisch und in Plastikdosen abgepackt in Feinkost- und Käseläden, italienischen Spezialgeschäften und inzwischen auch in einigen Supermarktketten.

Mehltypen: Jahrtausendelang wurden ganze Getreidekörner zu Vollkornmehlen vermahlen. Inzwischen ist es durch moderne Mahltechniken möglich, Auszugsmehle herzustellen, die fast keine Nähr- und Ballaststoffe mehr enthalten, weil vor dem Mahlen der vitaminreiche Keimling und die Randschichten des Getreidekorns entfernt werden. Vollkornmehl dagegen hat noch alle diese Bestandteile, also Keimling, Randschichten mit unverdaulicher Kleie sowie Mehlkörper mit sogenanntem Klebereiweiß und Stärke. Das Klebereiweiß sorgt dafür, daß Teige geschmeidig und sehr dehnbar (z.B. für Strudel) sind und daß Gebäck Struktur, d.h. eine lockere, feinporige und elastische Krume bekommt. Außer dem reinen Vollkornmehl mit einem Ausmahlungsgrad von 100 % gibt es noch Mehle mit anderen Ausmahlungsgraden, die mit Zahlen, den sogenannten Typen, gekennzeichnet werden. Je höher die Zahl und damit auch die Mehltype, desto höher ist auch der Ausmahlungsgrad des Mehles, wobei Weizenmehl und Roggenmehl immer verschiedene Typenbezeichnungen tragen: z.B. trägt Weizenmehl mit einem Ausmahlungsgrad von etwa 91 % die Typenbezeichnung »1600«, Roggenmehl die Bezeichnung »1740«. Hochausgemahlenes Mehl ist wertvoller als niedrig ausgemahlenes, weil es mehr Bestandteile des ganzen Kornes enthält. Ob Sie Vollkornmehl wählen oder ein niedriger ausgemahlenes Mehl hängt davon ab, was Sie damit machen wollen: Für Teige, die sehr elastisch sein müssen, wie z.B. Strudelteig, eignet sich Weizenmehl bis zur Type 1050; durch den hohen Kleieanteil von reinen Vollkornmehlen bleibt der

Teig etwas spröde, so daß er sich nicht dünn ausziehen, sondern nur auswellen läßt. Für alle anderen Teige und eben auch für Nudelteig können Sie sehr gut (gesiebtes) Vollkornmehl verwenden. Kleie, die beim Sieben anfällt, eignet sich als Beigabe fürs Müsli oder als Panade für Fleisch, Fisch und Tofu.

Morcheln: Besonders feine — leider auch ziemlich teure — Pilze mit wabenartig gekammertem Hut, die es manchmal frisch, immer aber getrocknet (in Feinkostgeschäften) zu kaufen gibt. Die getrockneten Pilze weicht man einige Stunden ein, spült sie gründlich unter kaltem Wasser ab, um den Sand aus den Hutkammern zu entfernen. Das Einweichwasser wird durch eine Kaffeefiltertüte gegossen, damit es ebenfalls frei von Sand ist, und zur Zubereitung der Sauce verwendet. Sie sollten die Pilze nicht vor dem Einweichen waschen, weil dadurch ein Teil ihres delikaten Aromas verlorenginge.

Mozzarella: Leicht säuerlich schmeckender italienischer Frischkäse aus Kuh- oder Büffelmilch. Er eignet sich für warme und kalte Gerichte (z. B. Nudelgratin und Pizza oder Nudelsalat). Sie können auch Nudelsaucen mit kleingewürfeltem Mozzarella zubereiten; allerdings zieht er lange Fäden und wird ziemlich schnell wieder fest. Mozzarella gibt es offen oder abgepackt in Portionen von etwa 150 g zu kaufen.

Mu-Err-Pilze: Auch als »chinesische Morchel« bekannter Baumpilz. Er kommt getrocknet in den Handel, muß vor der Zubereitung eingeweicht werden und vergrößert sich dabei um das Fünf- bis Sechsfache. Schmeckt an Salaten und allen Chinagerichten.

Mungobohnen: Die kleinen, sattgrünen Samen einer speziellen Sojabohnenart, die man vor allem gekeimt als Sojasprossen verwendet. Sie schmecken an Salaten,

Suppen, Chinagerichten und als Gemüsebeilage. Wie alle Bohnen, müssen sie immer mindestens 2 Minuten blanchiert werden, damit die darin enthaltenen natürlichen Giftstoffe unschädlich gemacht werden.

Öl: Wird aus dem Fleisch (Oliven) oder den Samen (Sonnenblumenkerne, Maiskeime) ölhaltiger Pflanzen gewonnen. In der Vollwerternährung gelten kaltgepreßte, naturbelassene Öle als Frischkost, weil sie bei der Pressung auf höchstens 50 Grad erhitzt werden. Dadurch bleiben Eigengeschmack und natürlicher Gehalt an wervollen Fettsäuren und Vitaminen unverändert. Am besten verwendet man diese Öle für kalte Gerichte wie z. B. Salate, damit ihr feiner Geschmack zur Geltung kommt. Ob man ein Öl erhitzen, also zum Kochen oder Braten verwenden darf, hängt übrigens nicht von der Kaltpressung, sondern von der Zusammensetzung der Fettsäuren ab: Naturbelassene Öle mit hohem Anteil an einfach ungesättigten Fettsäuren wie Oliven-, Erdnuß- oder Sesamöl können Sie höher erhitzen und zum Grillen oder Fritieren verwenden. Zum Schmoren oder Braten bei kleiner bis mittlerer Hitze, also bei Temperaturen unter 100 Grad, eignet sich jedes kaltgepreßte Öl. Zu stark erhitztes Öl beginnt zu rauchen und sollte nicht mehr verwendet werden.
Naturbelassenes Öl gibt es in Naturkostläden, Reformhäusern und Feinkostgeschäften. Es ist nicht gerade billig, jedoch sehr wichtig für eine gesunde Ernährung. Da jede Sorte anders schmeckt, sollten Sie verschiedene Öle ausprobieren und die wählen, die Sie am liebsten mögen. Deshalb finden Sie in den Rezepten auch keine bestimmten Angaben zur Ölsorte, sondern nur Vorschläge.
Im Supermarkt bekommen Sie auch sehr preiswertes Öl mit den Bezeichnungen »Pflanzen-«, »Speise-«, »Deli-

Marinierte Ravioli mit Tomatenvinaigrette ▷
(Rezept S. 58)

kateß-« oder »Tafelöl«. Es sind dies Mischungen aus verschiedenen Ölsaaten und/oder industriell vorbehandelte Öle. Die meisten dieser Öle sind vollkommen neutral im Geschmack, sehr lange haltbar und für alle Zubereitungen geeignet; allerdings geben sie den Speisen keinerlei Aroma.
Vor allem die feinen, vitaminreichen, kaltgepreßten Öle sollten Sie vor Licht und Wärme schützen, jedoch nicht im Kühlschrank aufbewahren, da manche Öle (z. B. Oliven- und Erdnußöl) bei dieser Temperatur ausflocken. Sie werden bei Zimmertemperatur allerdings wieder flüssig.
Auch wenn es nicht ranzig wird, verliert jedes Öl im Laufe der Zeit sein Aroma. Kaufen Sie es deshalb in kleinen Gefäßen, denn selbst die Luft, die in den angebrochenen Dosen oder Flaschen ist, beeinträchtigt Aroma und Geschmack.

Parmesan: Berühmter italienischer Hartkäse mit körniger Struktur und einem Fettgehalt von etwa 32 %. Nur gute Qualität zeichnet sich durch den typischen, würzigen Geschmack aus. Kaufen Sie deshalb auch Parmesan möglichst am Stück und achten Sie auf die Bezeichnung »Parmigiano Reggiano« oder »Grana Padano«. Beides ist »echter« Parmesankäse. Parmigiano Reggiano wird in den Monaten April bis November hergestellt und reift mindestens 18 Monate, bevor er in den Handel kommt. Grano Padano wird das ganze Jahr über produziert und reift mindestens 12 Monate. Bereits geriebener, in Tüten abgepackter Parmesan entspricht dieser Qualität bei weitem nicht: Er enthält z. B. auch Rindenanteile und schmeckt eher penetrant als würzig. Frisch geriebener Parmesan paßt zu allen Nudelgerichten. Zum Überbacken sollten Sie ihn mit gewürfeltem Mozzarella mischen, da der harte Parmesan nicht cremig zerläuft.

◁ *Maultaschensuppe mit Kräutern*
(Rezept S. 82)

Pecorino: Italienischer Hartkäse aus Schafmilch mit einer Reifezeit von etwa acht Monaten und 36—40% Fettgehalt. Der feste, fast weiße Käse mit körnigem Teig schmeckt noch würziger als Parmesan. Er wird wie dieser verwendet.

Pesto: Würzpaste aus Basilikum, Pinienkernen, Pecorino oder Parmesan, Olivenöl und eventuell Gewürzen, die in Italien u.a. zu Nudelgerichten serviert wird. Man kann sie selbst herstellen oder fertig gemischt in Feinkostläden kaufen.

Pfeffer: Neben Salz das am meisten verwendete Gewürz. Pfefferkörner sind die Beeren einer Kletterpflanze, die — ähnlich wie bei uns Hopfen — an langen Stangen gezogen wird. Bei grünem, schwarzem und weißem Pfeffer handelt es sich um dieselben Beeren, die sich nur im Reifegrad unterscheiden: Grüner Pfeffer sind die unreifen Beeren; beim Trocknen werden sie zu den schrumpeligen schwarzen Körnern. Weiße Pfefferkörner sind die bereits reifen, geschälten und getrockneten Beeren. Pfeffer sollten Sie nicht gemahlen kaufen, sondern in der Mühle frisch mahlen, damit Schärfe und Aroma zur Geltung kommen.

Pfefferschoten: (Chilischoten, Peperoni, Peperoncini, Pfefferoni) sind etwa fingerlange, dünne, grüne oder rote Schoten, die wie Mini-Paprikaschoten aussehen. Es gibt sie frisch, getrocknet oder in Essig eingelegt. Ihr Geschmack ist würzig bis brennend-scharf (je kleiner die Schoten, desto schärfer sind sie im Geschmack, wobei die unreifen, grünen Schoten allgemein milder schmekken als die reifen, roten). Beim Vorbereiten sollten Sie die Kerne entfernen (Vorsicht: Durch das Putzen »haftet« die Schärfe auch noch an Ihren Fingern; also nicht an die Schleimhäute oder Augen bringen). Wenn Sie gerne scharfe Gerichte essen, sollten Sie Pfefferschoten aus dem Freiland (gibt es ab Ende Juli) kaufen und — an Bindfaden aufgefädelt — trocknen. Sie verlieren dabei weder an Aroma noch an Schärfe. Auch bei getrockneten Schoten werden die Kerne möglichst entfernt.

Pinienkerne: Samen der südeuropäischen Pinie, schmecken an Salaten, kalten Saucen oder auch Desserts. Sie sind sehr ölhaltig und werden deshalb leicht ranzig. Man sollte sie also nur in ganz kleinen Mengen kaufen.

Pistazien: Sehr aromatische Samen des Pistazienbaumes, der besonders im südöstlichen Mittelmeerraum wächst. Sie kommen geschält und gesalzen oder ungesalzen in den Handel. Pistazien eignen sich für Nudelsaucen und zum Bestreuen von warmen Nudelgerichten und Salaten.

Ricotta: Italienischer Frischkäse, vergleichbar unserem Quark. Wird aus Schaf- oder Kuhmilch, manchmal auch Ziegenmilch hergestellt. Er schmeckt an Füllungen für Tortellini u. a. oder als Bestandteil von (Nudel)salaten.

Roggen: Nach Weizen das wichtigste (Brot)Getreide, das hochwertigeres Eiweiß als Weizen enthält. Das dunkle Roggenmehl besitzt einen ausgeprägten Eigengeschmack. Für Roggenbrote genügt Hefe als Treibmittel nicht, man muß (zusätzlich) Sauerteig verwenden, den es im Reformhaus oder Naturkostladen zu kaufen gibt. In der Küche bereitet man Roggen wie anderes Getreide zu. Das Mehl enthält genügend Klebereiweiß, so daß man reine Roggennudeln ohne Zusatz von Weizenmehl herstellen kann. Roggenbrote haben den Vorteil, daß sie länger frisch bleiben als Weizenbrote.

Safran: Blütennarben eines Krokusgewächses und teuerstes Gewürz. Safran färbt Speisen gelb. Als Safranfäden oder vermahlen als Pulver im Handel. Safranfäden behalten ihr Aroma länger. Bei der Verwendung muß Safran in einigen Tropfen heißem Wasser oder zerlassener Butter aufgelöst werden. Dann erst in die Speisen rühren.

Sanoghurt: Spezialjoghurt mit hohem Anteil an rechtsdrehender L(+)-Milchsäure. Milchsäure ist in allen Sauermilchprodukten (auch in milchsaurem Gemüse wie z. B. Sauerkraut) enthalten und wird von Bakterien aus Milchzucker gebildet. Diese Bakterien sind stets ein Gemisch aus zwei verschiedenen Milchsäuren, der rechtsdrehenden L(+)- und der linksdrehenden D(—)-Milchsäure. L(+)-Milchsäure wird vom Stoffwechsel rascher umgesetzt und vollkommen verwertet. D(—)-Milchsäure kann vom Körper nur begrenzt abgebaut werden. Achten Sie deshalb immer auf den entsprechenden Pakkungsvermerk, wenn Sie Sauermilchprodukte kaufen. Inzwischen sind außer Sanoghurt auch andere Joghurts mit L(+)-Milchsäure im Handel.

Schafkäse: Weich- oder Hartkäse, der aus Schafmilch oder aus einem Gemisch von Schaf- und Kuhmilch hergestellt wird. Es gibt weichen Schafkäse wie den griechischen »Feta«, der sich gut zerkrümeln und über Salate streuen, einlegen oder wie Quark zubereiten läßt, halbfesten wie den französischen Roquefort, der sich für Dressings, Saucen und zum Überbacken eignet, und Hartkäse wie den italienischen Pecorino, der im Laufe der Lagerung immer härter wird.

Schwarzwurzeln: Wintergemüse, das im Geschmack ein wenig an Spargel erinnert und genauso zubereitet wird.

Schwarzwurzeln sondern beim Schälen einen Saft ab, der dunkle Flecken auf der Haut hinterläßt; am besten arbeiten Sie also mit Gummihandschuhen. Geschälte Schwarzwurzeln müssen in mit Essig oder Zitronensaft gesäuertem Wasser gegart werden, damit sie sich nicht verfärben.

Sesamsamen: Stark ölhaltige Samen des Sesamkrautes, die Sie geschält und ungeschält kaufen können. Rösten ohne Fett macht sie noch aromatischer. Sesamsamen schmecken an Salaten, in Gebäck und Süßspeisen. Aufgrund ihres hohen Fettgehaltes sind sie nur begrenzt haltbar. Wichtigste Produkte aus Sesam sind Sesamöl, Tahin, eine Paste aus Sesamsaat, und Gomasio — gemahlene Sesamkörner, vermischt mit Meersalz —, das in der Vollwertküche zum Würzen verwendet wird.

Shiitake-Pilze: Getrocknete Pilze aus Ostasien mit fleischigen Hüten und zähen Stielen, die man vor der Zubereitung entfernt. Vor der Verwendung werden die Pilze einige Stunden in Wasser eingeweicht. Das Wasser zum Dünsten des Gemüses (bei Chinagerichten) oder für die Sauce mitverwenden.

Sojabohnenkeimlinge: *siehe* »Lunja«.

Sojamilch: Gibt es unter der Bezeichnung »Sojadrink« im Reformhaus und Naturkostladen. Sojamilch wird aus gelben Sojabohnen hergestellt und ist ein rein pflanzliches Produkt, reich an wertvollem Eiweiß.

Sojaquark: *siehe* »Tofu«.

Sojasauce: Asiatische Würzsauce auf der Basis von Sojabohnen. Die japanische und chinesische Sojasauce schmeckt salzig, die indonesische süßlich.

Sonnenblumenkerne: Ölsaat, die Sie auch selbst ernten können, wenn Sie Sonnenblumen anbauen. Die Kerne enthalten reichlich Eiweiß, Vitamine und die Mineralstoffe Phosphor und Fluor. Sie eignen sich nicht nur zum Backen und fürs Müsli, sondern auch als Beigabe für warme und kalte Nudelgerichte. Wie jede Ölsaat werden sie schnell ranzig; man sollte sie also nicht zu lange aufbewahren.

Sprossen: Frische selbstgezogene oder gekaufte Sprossen enthalten reichlich Vitamine und sind deshalb vor allem im Winter eine gute Ergänzung oder sogar Alternative zu Frischgemüse und Salat. Leicht keimen lassen sich Getreide — ausgenommen Grünkern, Reis und Hirse —, Buchweizen, Hülsenfrüchte, Alfalfa (Luzerne), Senf, Rettich, Bockshornklee, Sonnenblumen- und Kürbiskerne. Keimfähige Samen erhalten Sie in Naturkostläden oder Reformhäusern. Kaufen Sie bitte keinesfalls die in Tütchen abgepackten Samen, die es in Gärtnereien oder Gartencentern zu kaufen gibt; diese Samen sind zur Aussaat in die Erde bestimmt und meist chemisch behandelt. Zum Keimen geben Sie die Samen in (Weck)-Gläser, die Sie oben mit Verbandmull und einem festsitzenden Gummiband verschließen. Gläser mit warmem Wasser füllen und die Samen etwa sechs Stunden quellen lassen. Dabei nehmen sie soviel Flüssigkeit auf, daß der Keimprozeß beginnt. Die Gläser im Spülbecken umstülpen und umgekehrt leicht geneigt stehen lassen, bis das Wasser ganz abgelaufen ist. Anschließend aufrecht an einen warmen, hellen Platz (nur Mungobohnen sollten dunkler keimen) stellen und bis zu fünf Tagen keimen lassen. Jeden Tag mit warmem Wasser übergießen, etwa zehn Minuten stehenlassen und dann wie oben beschrieben ganz abgießen. Die Samen dürfen weder zu trocken noch zu feucht sein, damit sie gut kei-

men und nicht schimmeln. Verschimmelte Sprossen riechen muffig und müssen weggeworfen werden.
Buchweizen, Kresse und Senf sondern Schleimstoffe ab und kleben leicht zusammen. Man keimt sie deshalb besser nicht in Gläsern, sondern ausgebreitet auf nassem Küchenpapier.
Obwohl frische Sprossen sehr gesund sind, können vor allem gekeimtes Getreide und Hülsenfrüchte bei manchen Menschen Verdauungsbeschwerden verursachen. In diesem Fall entweder ganz auf Sprossen verzichten oder nur zarte Sprossen wie Kresse, Rettich und Alfalfa in kleinen Mengen essen.

Tofu: Sojabohnenquark, der in Asien seit Jahrhunderten zu den Grundlebensmitteln zählt und bei uns durch den Trend zu naturgemäßer Ernährung bekannt geworden ist. Tofu ist reich an hochwertigem pflanzlichen Eiweiß, leicht verdaulich, joule- bzw. kalorienarm, enthält wenige Kohlenhydrate und ist so vielseitig zu verwenden wie kaum ein anderes Lebensmittel.
Zur Tofugewinnung verwendet man Sojamilch aus gelben Sojabohnen, die dann mit Säure wie Essig oder Zitronensaft versetzt wird. Die festen Bestandteile klumpen sich zusammen — ähnlich wie bei der Quarkherstellung — und werden gepreßt, bis die Flüssigkeit zum größten Teil ausgetreten und eine feste, schnittfähige Masse entstanden ist. Je nach Dauer des Pressens bleibt mehr oder weniger Flüssigkeit in der Sojamasse zurück. Man unterscheidet deshalb weichen, normalen und festen Tofu. Der weiche eignet sich für Dressings, Suppen, Saucen, als Füllung für Cannelloni oder Brotaufstrich, der normale und feste zum Braten oder Schmoren. Festen Tofu können Sie ebenso wie Fleisch zubereiten: Er läßt sich panieren und wie ein Schnitzel braten, fritieren, grillen oder gewürfelt als Ragout schmoren. Außerdem

können Sie in Reformhäusern und Naturkostläden mit Kräutern oder Sojasauce angereicherten Tofu kaufen sowie geräucherten, der kräftiger als der normale Tofu schmeckt. Tofu läßt sich einfrieren und verändert seine Konsistenz dabei nicht. Wenn Sie ihn nicht aufbrauchen, können Sie ihn aber auch in ein verschließbares Gefäß legen, mit Wasser bedecken und so im Kühlschrank etwa eine Woche aufbewahren. Das Wasser muß einige Male gewechselt werden.
Da Tofu kaum Eigengeschmack besitzt, sollten Sie ihn vor der Zubereitung immer in Sojasauce, gewürztem Öl oder anderen Marinaden ziehen lassen.

Walnüsse: Sollten Sie nur im Reformhaus oder Bioladen kaufen. Die konventionell angebauten und geernteten Nüsse durchlaufen nämlich verschiedene chemische Prozesse, bevor sie zum Endverbraucher kommen. Biologisch angebaute Nüsse sind selten und deshalb nicht gerade billig. Sie sind meist kleiner als die üblichen Nüsse und haben eine harte, dunkle Schale, da sie nicht künstlich gebleicht werden.

Wassernüsse: Auch »Wasserkastanien« genannt, sind die Zwiebeln einer Sumpfpflanze, die in der Chinaküche als Gemüse verwendet werden. Bei uns in Dosen erhältlich.

Weizen: Wichtigstes (Brot)Getreide, das sich mit seinem hohen Anteil an Klebereiweiß hervorragend für alle Teige eignet. Außerdem kann man Weizen wie jedes andere Getreide schmoren, kochen, gratinieren usw.

Zuckerschoten: *siehe* »Erbsen«.

Grundrezepte

Nudeln mit Weizenmehl und Eiern

250 g Weizenmehl
Salz
2 Eier (Gew.-Kl. 3)
1 EL Öl
2—4 Eigelb

Mehl mit Salz, Eiern, Öl und zunächst nur 2 Eigelb verkneten. Von der Quellfähigkeit des Mehls hängt es nun ab, ob der Teig mehr Feuchtigkeit braucht: Wenn er bröckelig, also zu fest ist, nacheinander die restlichen Eigelb oder auch tropfenweise kaltes Wasser darunterkneten. Wenn er zu weich ist, nach und nach Mehl darüberstäuben und jeweils unterkneten. Teig in Folie wikkeln und 30 Minuten ruhen lassen, damit das Mehl quellen kann. Teig dann auf einer bemehlten Arbeitsfläche oder mit der Nudelmaschine zu dünnen Platten auswellen — für »Fleckerl«, Lasagne, Cannelloni, Ravioli oder Maultaschen — und nach weiteren 10 Minuten Trockenzeit zu beliebigen Nudeln schneiden. (Teigplatten für »Fleckerl«, Lasagne, Cannelloni, Ravioli oder Maultaschen werden sofort weiterverarbeitet.) Die Nudeln auf Küchentüchern ausbreiten und noch einmal etwa 1 Stunde trocknen lassen: Zu feuchte Nudeln blei-

ben beim Garen nicht kernig genug. Zum Garen der Nudeln etwa 2 l Wasser mit Salz zum Kochen bringen. Nudeln nach dem Aufkochen darin 1—2 Minuten garen, abgießen, sehr gut abtropfen lassen und sofort mit Butter oder einer Nudelsauce mischen, mit anderen Beilagen anrichten oder dem Rezept entsprechend weiterverarbeiten.
Die Teigmenge ergibt etwa 400 g frische Nudeln.

Weizenvollkornnudeln mit Eiern

250 g Weizenvollkornmehl
Salz
2 Eier (Gew.-Kl. 3)
1½ EL Öl
1—3 Eigelb

Mehl mit Salz, Eiern, Öl und zunächst nur 1 Eigelb verkneten. Unter bröckeligen, das heißt zu trockenen Teig nacheinander die restlichen Eigelb oder tropfenweise kaltes Wasser kneten. Zu weichen Teig, der an den Fingern kleben bleibt, nach und nach mit Mehl verkneten. Teig in Folie gewickelt 45 Minuten ruhen lassen; Vollkornmehl braucht etwas länger zum Quellen. Den Teig auf der bemehlten Arbeitsfläche oder mit der Nudelmaschine zu dünnen Platten auswellen — für Lasagne, Cannelloni, Ravioli, Maultaschen oder »Fleckerl« — und nach weiteren 10 Minuten Trockenzeit zu beliebigen Nudeln schneiden; wenn Sie die Teigplatten gleich schneiden, kleben die Nudeln zu sehr zusammen. Nur Teigplatten werden sofort weiterverarbeitet. Die Vollkornnudeln auf Küchentüchern ausgebreitet noch einmal etwa 1 Stunde trocknen lassen, damit sie beim Garen schön kernig bleiben. Die Nudeln in reichlich Salz-

wasser nach dem Aufkochen 1—2 Minuten garen oder dem Rezept entsprechend verarbeiten.
Die Teigmenge ergibt etwa 400 g frische Nudeln.

Weizenvollkornnudeln ohne Eier

250 g Weizenvollkornmehl
Salz
2 EL Öl
etwa 1/8 l kaltes Wasser

Mehl mit Salz, Öl und zuerst etwa zwei Drittel des Wassers verkneten. Tropfenweise das restliche Wasser darunterkneten, bis der Teig die richtige Konsistenz hat und weder bröckelig ist, noch an den Händen kleben bleibt. Teig in Folie gewickelt 45 Minuten ruhen lassen, auf der bemehlten Arbeitsfläche oder mit der Nudelmaschine zu dünnen Platten auswellen — für Lasagne, Cannelloni, »Fleckerl«, Ravioli oder Maultaschen. Ganze Teigplatten sofort verarbeiten; Nudeln erst nach etwa 10 Minuten Trockenzeit schneiden; wenn Sie die Teigplatten gleich schneiden, kleben die Nudeln zu sehr zusammen. Die Vollkornnudeln auf Küchentüchern ausgebreitet noch einmal etwa 1 Stunde trocknen lassen, damit sie beim Garen kernig bleiben. Die Nudeln in reichlich Salzwasser nach dem Aufkochen 1—2 Minuten garen und/oder dem Rezept entsprechend verarbeiten.
Die Teigmenge ergibt etwa 325 g frische Nudeln.

Roggenvollkornnudeln

250 g Roggenvollkornmehl
Salz
2 Eier (Gew.-Kl. 3)
1 EL Öl
2—4 Eigelb
evtl. 1 EL kaltes Wasser

Mehl mit Salz, Eiern, Öl und zunächst nur 2 Eigelb verkneten. Von der Quellfähigkeit des Mehls hängt es nun ab, ob der Teig mehr Feuchtigkeit braucht: Wenn er bröckelig, also zu fest ist, nacheinander die restlichen Eigelb und zum Schluß nach Bedarf tropfenweise das Wasser darunterkneten. Zu weichen, klebrigen Teig nach und nach mit Mehl verkneten. Teig in Folie wickeln und 45 Minuten ruhen lassen, dann auf der bemehlten Arbeitsfläche oder mit der Nudelmaschine zu dünnen Platten auswellen. Teigplatten für »Fleckerl«, Lasagne, Cannelloni, Ravioli oder Maultaschen sofort weiterverarbeiten, für Nudeln 10 Minuten ruhen lassen. Die Nudeln schneiden, auf Küchentüchern ausbreiten und noch einmal etwa 1 Stunde trocknen lassen: Zu feuchte Nudeln bleiben beim Garen nicht kernig genug. Zum Garen der Nudeln etwa 2 l Wasser mit Salz zum Kochen bringen. Nudeln nach dem Aufkochen darin 1—2 Minuten garen, abgießen, sehr gut abtropfen lassen und weiterverarbeiten oder mit einer Nudelsauce anrichten.
Die Teigmenge ergibt etwa 400 g frische Nudeln.

Hafernudeln

150 g fein gemahlener Hafer
100 g Weizenvollkornmehl
Salz
2 Eier (Gew.-Kl. 5)
1 EL Öl
1—3 Eigelb

Beide Mehlsorten in einer Schüssel mischen, mit Salz, Eiern, Öl und zunächst nur 1 Eigelb verkneten. Unter bröckeligen, zu trockenen Teig nacheinander die restlichen Eigelb oder tropfenweise kaltes Wasser kneten. Teig, der an den Fingern kleben bleibt, nach und nach mit Mehl verkneten. Teig in Folie gewickelt 45 Minuten ruhen lassen. Den Teig auf der bemehlten Arbeitsfläche oder mit der Nudelmaschine zu dünnen Platten auswellen — für Lasagne, Cannelloni, Ravioli, Maultaschen oder »Fleckerl« — und nach weiteren 10 Minuten Trokkenzeit zu beliebigen Nudeln schneiden. Nur Teigplatten werden sofort weiterverarbeitet. Nudeln auf Küchentüchern ausgebreitet noch einmal etwa 1 Stunde trocknen lassen, damit sie beim Garen schön kernig bleiben. Die Nudeln in reichlich Salzwasser nach dem Aufkochen 1—2 Minuten garen und/oder dem Rezept entsprechend verarbeiten.
Die Teigmenge ergibt etwa 400 g frische Nudeln.

Gerstennudeln

150 g fein gemahlene Gerste
100 g Weizenmehl (Type 1050)
Salz
2 Eier (Gew.-Kl. 5)
1 EL Öl
1—3 Eigelb
evtl. kaltes Wasser

Beide Mehlsorten in einer Schüssel mischen, mit Salz, Eiern, Öl und zunächst nur 1 Eigelb verkneten. Unter bröckeligen, zu trockenen Teig nacheinander die restlichen Eigelb oder tropfenweise etwas Wasser kneten. Teig, der an den Fingern kleben bleibt, nach und nach mit Mehl verkneten. Teig in Folie gewickelt 45 Minuten ruhen lassen. Den Teig auf der bemehlten Arbeitsfläche oder mit der Nudelmaschine zu dünnen Platten auswellen und nach weiteren 10 Minuten Trockenzeit zu beliebigen Nudeln schneiden. Nur Teigplatten für Lasagne, Cannelloni, Ravioli, Maultaschen oder »Fleckerl« werden sofort weiterverarbeitet. Nudeln auf Küchentüchern ausgebreitet noch einmal etwa 1 Stunde trocknen lassen, damit sie beim Garen schön kernig bleiben. Die Nudeln in reichlich Salzwasser nach dem Aufkochen 1—2 Minuten garen und/oder dem Rezept entsprechend verarbeiten.
Die Teigmenge ergibt etwa 400 g frische Nudeln.

Hirsenudeln

150 g fein gemahlene Hirse
125 g fein gemahlener Dinkel oder Weizenvollkornmehl
Salz
2 Eier (Gew.-Kl. 4)
1 Eigelb
1 EL Öl
1—2 EL kaltes Wasser

Beide Mehlsorten in einer Schüssel mischen, mit Salz, Eiern, Eigelb und Öl verkneten. Unter bröckeligen, zu trockenen Teig tropfenweise das Wasser kneten. Teig, der an den Fingern kleben bleibt, nach und nach mit Mehl verkneten. Teig in Folie gewickelt 45 Minuten ruhen lassen. Den Teig auf der bemehlten Arbeitsfläche oder mit der Nudelmaschine zu dünnen Platten auswellen und nach weiteren 10 Minuten Trockenzeit zu beliebigen Nudeln schneiden. Nur Teigplatten für Lasagne, Cannelloni, Ravioli, Maultaschen oder »Fleckerl« werden sofort weiterverarbeitet. Nudeln auf Küchentüchern ausgebreitet noch einmal etwa 1 Stunde trocknen lassen, dann in etwa 2 l Salzwasser nach dem Aufkochen 1—2 Minuten garen und/oder dem Rezept entsprechend verarbeiten.
Die Teigmenge ergibt etwa 400 g frische Nudeln.

Buchweizennudeln

125 g fein gemahlener Buchweizen
125 g Weizenmehl (Type 1050)
Salz
2 Eier (Gew.-Kl. 5)
1 EL Öl
1—3 Eigelb
evtl kaltes Wasser

Beide Mehlsorten in einer Schüssel mischen, mit Salz, Eiern, Öl und zunächst nur 1 Eigelb verkneten. Unter bröckeligen, zu trockenen Teig nacheinander die restlichen Eigelb und bei Bedarf auch tropfenweise Wasser kneten. Teig, der an den Fingern kleben bleibt, nach und nach mit Mehl verkneten. Teig in Folie gewickelt 45 Minuten ruhen lassen. Den Teig auf der bemehlten Arbeitsfläche oder mit der Nudelmaschine zu dünnen Platten auswellen — für Lasagne, Cannelloni, Ravioli, Maultaschen oder »Fleckerl« — und nach weiteren 10 Minuten Trockenzeit zu beliebigen Nudeln schneiden. Nur Teigplatten werden sofort weiterverarbeitet. Nudeln auf Küchentüchern ausgebreitet noch einmal etwa 1 Stunde trocknen lassen, damit sie beim Garen schön kernig bleiben. Die Nudeln in reichlich Salzwasser nach dem Aufkochen 1—2 Minuten garen und/oder dem Rezept entsprechend verarbeiten.
Die Teigmenge ergibt etwa 400 g frische Nudeln.

Grüne Vollkornnudeln

200 g Blattspinat oder Petersilie
Salz
etwa 300 g Weizenvollkornmehl
2 Eier (Gew.-Kl. 5)
1 EL Öl

Spinat oder Petersilie waschen und in reichlich kochendem Salzwasser 1 Minute sprudelnd kochen. Abgießen, kalt abschrecken und mit den Händen sehr gut ausdrükken. Im Mixer pürieren. Püree mit 250 g Mehl, Salz, Eiern und Öl verkneten. Der Teig ist jetzt noch ziemlich weich; das restliche Mehl brauchen Sie zum Kneten und Auswellen. Teig in Folie gewickelt 45 Minuten ruhen lassen. Portionsweise mit dem restlichen Mehl auf der Arbeitsfläche oder mit der Nudelmaschine gründlich kneten (bei Bedarf noch mehr Mehl zugeben, so daß der Teig glatt und nicht mehr klebrig ist), zu dünnen Platten auswellen und nach weiteren 10 Minuten Trockenzeit zu beliebigen Nudeln schneiden. Nur Teigplatten für Lasagne, Cannelloni, Ravioli, Maultaschen oder »Fleckerl« sofort weiterverarbeiten. Nudeln auf Küchentüchern ausgebreitet noch einmal etwa 1 Stunde trocknen lassen. In reichlich Salzwasser nach dem Aufkochen 1—2 Minuten garen und/oder dem Rezept entsprechend verarbeiten.
Die Teigmenge ergibt etwa 450 g frische Nudeln.

Rote Vollkornnudeln

180 g rote Beten
(geputzt und gewogen)
Salz
etwa 325 g Weizenvollkornmehl
1 Ei (Gew.-Kl. 5)
2 kleine Eigelb
1 EL Öl

Rote Beten in wenig Salzwasser weich kochen, abtropfen lassen und pürieren. Püree mit 250 g Mehl, Salz, Ei, Eigelb und Öl verkneten. Teig in Folie gewickelt 45 Minuten ruhen lassen. Portionsweise mit dem restlichen Mehl auf der Arbeitsfläche oder mit der Nudelmaschine gründlich kneten (je nach Beschaffenheit des Teiges eventuell noch mehr Mehl zugeben), zu dünnen Platten auswellen — für Lasagne, Cannelloni, Ravioli, Maultaschen oder »Fleckerl« — und nach weiteren 10 Minuten Trockenzeit zu beliebigen Nudeln schneiden. Teigplatten sofort weiterverarbeiten. Nudeln auf Küchentüchern ausgebreitet noch einmal etwa 1 Stunde trocknen lassen. In reichlich Salzwasser nach dem Aufkochen 1—2 Minuten garen und/oder dem Rezept entsprechend zubereiten.
Die Teigmenge ergibt etwa 550 g frische Nudeln.

Spätzleteig mit Vollkornmehl

300 g Weizenvollkornmehl
6 Eier
Salz
etwa 3 EL Wasser

Vollkornmehl mit Eiern, Salz und Wasser nach Bedarf zu einem zähflüssigen Spätzleteig verrühren: Konturen, die man mit dem Kochlöffel zieht, sollten nur langsam wieder verfließen. Teig zugedeckt etwa 30 Minuten ruhen lassen. Etwa 4 l Wasser zum Kochen bringen. Den Teig portionsweise vom Brett schaben oder durch den Spätzlehobel in das sprudelnd kochende Wasser drücken. Die Spätzle garen, bis sie an die Oberfläche steigen, mit einem Schaumlöffel herausnehmen und sehr gut abtropfen lassen. Die fertigen Spätzle mit etwas Öl oder Butter vermischt in einer vorgewärmten Schüssel warm halten, bis alle Spätzle gegart sind, dann dem Rezept entsprechend weiterverarbeiten.

Grüne Spätzle

100 g Blattspinat oder Petersilie
300 g Weizenvollkornmehl
4 Eier
Salz
evtl. Wasser

Spinat oder Petersilie waschen und in reichlich kochendem Salzwasser 1 Minute sprudelnd kochen. Abgießen, kalt abschrecken und mit den Händen gut ausdrücken. Im Mixer pürieren. Püree mit Vollkornmehl, Eiern, Salz und Wasser nach Bedarf zu einem zähflüssigen Spätzleteig verrühren: Konturen, die man mit dem Kochlöffel zieht, sollten nur langsam wieder verfließen. Teig zugedeckt etwa 30 Minuten ruhen lassen. Etwa 4 l Wasser zum Kochen bringen. Den Teig portionsweise vom Brett schaben oder durch den Spätzlehobel in das sprudelnd kochende Wasser drücken. Die Spätzle garen, bis sie an die Oberfläche steigen, mit einem Schaumlöffel herausnehmen und sehr gut abtropfen lassen. Die fertigen Spätzle mit etwas Öl oder Butter vermischt in einer vorgewärmten Schüssel warm halten, bis alle Spätzle gegart sind, dann dem Rezept entsprechend weiterverarbeiten.

Weiße Spätzle

375 g Weizenmehl (Type 405)
Salz
4 Eier
etwa 200 ccm kaltes Wasser

Mehl mit Eiern, Salz und Wasser nach Bedarf zu einem zähflüssigen Spätzleteig verrühren, in dem Konturen, die man mit dem Kochlöffel zieht, nur langsam wieder verfließen. Teig zugedeckt etwa 30 Minuten ruhen lassen. Etwa 4 l Wasser zum Kochen bringen. Den Teig portionsweise vom Brett schaben oder durch den Spätzlehobel in das sprudelnd kochende Wasser drücken. Die Spätzle garen, bis sie an die Oberfläche steigen, mit einem Schaumlöffel herausnehmen und sehr gut abtropfen lassen. Die fertigen Spätzle mit etwas Öl oder Butter vermischt in einer vorgewärmten Schüssel warm halten, bis alle Spätzle gegart sind, dann dem Rezept entsprechend weiterverarbeiten.

Schrotspätzle

200 g Weizenvollkornmehl
75 g Schrot (Weizen, Roggen, Hafer oder Gerste)
5 Eier
Salz
etwa 3 EL Wasser

Vollkornmehl und Schrot mit Eiern, Salz und Wasser nach Bedarf zu einem zähflüssigen Spätzleteig verrühren: Konturen, die man mit dem Kochlöffel zieht, sollten nur langsam wieder verfließen. Teig zugedeckt etwa 30 Minuten ruhen lassen. Etwa 4 l Wasser zum Kochen bringen. Den Teig portionsweise vom Brett schaben oder durch den Spätzlehobel in das sprudelnd kochende Wasser drücken. Die Spätzle garen, bis sie an die Oberfläche steigen, mit einem Schaumlöffel herausnehmen und sehr gut abtropfen lassen. Die fertigen Spätzle mit etwas Öl oder Butter vermischt in einer vorgewärmten Schüssel warm halten, bis alle Spätzle gegart sind, dann dem Rezept entsprechend weiterverarbeiten.

Salate

Fenchelsalat mit Glasnudeln

3 Fenchelknollen (750 g)
½ l Gemüsebrühe
200 g Glasnudeln
1 Zwiebel
2 EL Weißweinessig
1 TL scharfer Senf
Salz
schwarzer Pfeffer
1 Prise Zucker
2 EL Öl
1 kleines Glas Kapern
1 Bund Schnittlauch

Fenchelgrün abschneiden und beiseite legen. Fenchelknollen vierteln, keilförmigen Strunk herausschneiden. Knollen waschen. Gemüsebrühe aufkochen, Fenchel zugeben und 5 Minuten sprudelnd kochen lassen. Mit einem Schaumlöffel herausnehmen. Glasnudeln in der Brühe einmal aufkochen, abgießen (Brühe auffangen) und etwas abgetropft über dem Fenchel verteilen. Zwiebel schälen und hacken. Mit 2 EL Brühe, Essig, Senf, Salz, Pfeffer, Zucker, Öl und Kapern mischen. Über dem Fenchel verteilen. Salat zugedeckt bei Zimmertemperatur 30 Minuten durchziehen lassen. Gewaschenen Schnittlauch und Fenchelgrün zerkleinern und über den Salat streuen.

Sommerlicher Nudelsalat

2 kleine Auberginen (300 g)
1 Zucchino (150 g)
1 grüne Paprikaschote (150 g)
6 EL Maiskeimöl
250 g Hörnchen- oder Spiralennudeln
Salz
500 g Tomaten
1 Zwiebel
1 Knoblauchzehe
75 g Emmentaler Käse
3 EL Weinessig
frisch gemahlener schwarzer Pfeffer
4 EL gemischte, gehackte Kräuter (z. B. Petersilie, Dill, Schnittlauch, Zitronenmelisse, Borretsch und einige Thymianblättchen)

Auberginen und Zucchino waschen, abtrocknen, von Stiel- und Blütenansätzen befreien und würfeln. Paprikaschote putzen, waschen, trockentupfen und in Streifen schneiden. 5 EL Öl erhitzen. Vorbereitetes Gemüse darin bei schwacher bis mittlerer Hitze unter ständigem Rühren etwa 15 Minuten braten.
Parallel dazu die Nudeln in Salzwasser bißfest garen. Abgetropfte Nudeln mit dem heißen Gemüse mischen. Tomaten waschen, abtrocknen und würfeln, dabei Stielansätze und Kerne entfernen. Zwiebel und Knoblauch schälen und hacken. Käse in feine Streifen schneiden, mit Tomaten, Zwiebel, Knoblauch unter den Salat mischen. Für das Dressing Essig, Salz, Pfeffer, Kräuter und das restliche Öl verrühren. Unter den Salat ziehen.

Sprossensalat mit Glasnudeln

je 1 EL Mungobohnen, Sonnenblumenkerne, braune Linsen und Haferkörner
3 getrocknete Mu-Err-Pilze
1/8 l kalte Gemüsebrühe
200 g Glasnudeln
1 EL Sojasauce
1 EL trockener Sherry
1 rote Zwiebel
1 Knoblauchzehe
3 Tomaten
3 EL Sherryessig
Salz
frisch gemahlener schwarzer Pfeffer
2 EL Sonnenblumenöl
1 Kästchen Gartenkresse
2 EL Kürbiskerne

Mungobohnen, Sonnenblumenkerne, Linsen und Hafer 3—4 Tage keimen lassen (*siehe* Seite 38, Stichwort »Sprossen«). Pilze in der Gemüsebrühe zugedeckt etwa 4 Stunden, die Glasnudeln in reichlich lauwarmem Wasser 1 Stunde einweichen. Pilze herausnehmen, in Streifen schneiden. Brühe durch eine Kaffeefiltertüte gießen. Mit Sojasauce und Sherry einmal aufkochen. Sprossen kalt abspülen und abtropfen lassen. Sprossen und Pilze in der kochenden Brühe 1 Minute garen. Mit den abgetropften Glasnudeln mischen. Zwiebel und Knoblauch schälen. Zwiebel halbieren und in dünne Scheiben schneiden, Knoblauch hacken. Tomaten waschen, abtrocknen und würfeln, Stielansätze dabei herausschneiden. Mit Zwiebel und Knoblauch zur Sprossenmischung geben. Essig mit Salz, Pfeffer und Öl verrühren. Mit dem Salat mischen. Salat mit Kresseblättchen und Kürbiskernen bestreuen.

Marinierte Ravioli mit Tomatenvinaigrette

(Abb. Seite 32)

1 Fleischtomate (etwa 300 g)
250 g Zucchini
1 Zwiebel
1 Knoblauchzehe
1 Bund Basilikum
3 EL Kräuteressig
1 EL Kräutersenf
Salz
frisch gemahlener schwarzer Pfeffer
3 EL Olivenöl
250 g frische, selbstgemachte Ravioli mit Käse-Kräuter-Füllung (Rezept Seite 131) oder fertig gekaufte Ravioli
150 g griechischer Schafkäse

Tomate häuten und würfeln, dabei Stielansatz und Kerne entfernen. Zucchini waschen, von Stiel- und Blütenansätzen befreien und in feine Stifte schneiden. Zwiebel und Knoblauch schälen und fein hacken. Basilikum waschen, einige Blättchen zum Garnieren abzupfen und beiseite legen, den Rest hacken. Für das Dressing Essig mit Senf, Salz, Pfeffer und Öl verrühren. Ravioli in reichlich Salzwasser bißfest kochen, gut abtropfen lassen und mit dem Dressing mischen. Lauwarm abkühlen lassen, Tomaten, Zucchini, Zwiebel, Knoblauch und gehacktes Basilikum untermischen. Schafkäse zerkrümeln und mit den Basilikumblättchen über den Salat streuen.

Bunter Gemüsesalat mit Nudeln und Käse

1 grüne Paprikaschote
1 junger Kohlrabi
½ Salatgurke
1 große Fleischtomate
je 1 Bund Frühlingszwiebeln und Radieschen
je 1 Bund Schnittlauch und Dill
1 Knoblauchzehe
Salz
3 EL Weißweinessig
1 EL trockener Weißwein
schwarzer Pfeffer
1 Prise Zucker
5 EL kaltgepreßtes Olivenöl
300 g Mozzarellakäse
250 g Muschel- oder Hörnchennudeln

Geputzte Paprikaschote und geschälten Kohlrabi waschen. Paprikaschote in Streifen schneiden, Kohlrabi grob raffeln. Salatgurke schälen und würfeln. Tomate ebenfalls waschen, abtrocknen und würfeln, dabei Kerne und Stielansatz entfernen. Frühlingszwiebeln und Radieschen putzen, waschen und in dünne Scheiben schneiden, dabei etwa zwei Drittel des Zwiebelgrüns mitverwenden. Kräuter waschen, trockenschwenken und fein zerkleinern. Knoblauch mit Salz zerdrücken. Für das Dressing Essig mit Wein, Salz, Pfeffer und Zucker verrühren. Öl unterschlagen. Abgetropften Mozzarella würfeln. Nudeln in reichlich Salzwasser bißfest garen. Abgetropft mit allen anderen Zutaten und dem Dressing mischen.

Nudelsalat mit Tomaten und gebratenem Tofu

250 g Tofu
Schale und Saft von ½ unbehandelten Zitrone
3 EL Sonnenblumenöl
2 EL Gemüsebrühe
1 EL milder Obstessig
Salz
frisch gemahlener schwarzer Pfeffer
1 TL Kräutersenf
2 EL Crème fraîche
250 g breite Nudeln
800 g Tomaten
1 Kästchen Gartenkresse
½ Bund Petersilie

Abgetropften Tofu würfeln, mit abgeriebener Zitronenschale und Saft mischen und zugedeckt 2 Stunden ziehen lassen. Im heißen Öl unter ständigem Wenden etwa 10 Minuten braten. In eine Schüssel geben. Bratfond mit der Gemüsebrühe lösen und über den Tofu gießen. Für das Dressing Essig mit Salz, Pfeffer, Senf und Crème fraîche vermischen.
Nudeln in reichlich Salzwasser bißfest garen. Abgetropft mit Tofu und Dressing mischen. Tomaten waschen, abtrocknen und achteln, dabei die Stielansätze entfernen. Tomaten vorsichtig unter den Salat heben und noch einmal mit Salz und Pfeffer abschmecken. Kresseblättchen mit einer Küchenschere abschneiden. Petersilie waschen, trockenschwenken und fein hacken. Kräuter über den Salat streuen.

Bunter Nudelsalat mit Sprossen

Je 1 EL Alfalfa- und Rettichsamen
1 Beutel Apfeltee
½ Tasse Wasser
1 Kopf grüner Salat
1 kleinen Zucchino
1 Möhre
100 g Champignons
1 Fleischtomate
50 g Spinat
1 Bund Frühlingszwiebeln
50 g gemischte Kräuter (z. B. Kerbel, Zitronenmelisse, Basilikum, Thymian, Estragon und Sauerampfer)
3 EL Apfelessig
1 EL Kräutersenf
Salz
frisch gemahlener weißer Pfeffer
1 Prise Zucker
3 EL kaltgepreßtes Olivenöl
250 g chinesische Eiernudeln
1 Handvoll Kürbiskerne

Alfalfa- und Rettichsamen 3 Tage keimen lassen (*siehe* Seite 38, Stichwort »Sprossen«). Sprossen kalt abspülen und abtropfen lassen. Apfeltee mit dem kochenden Wasser übergießen und ziehen lassen, während die anderen Zutaten vorbereitet werden. Salat waschen, trockenschwenken und zerpflücken. Geputztes Zucchino und geschabte Möhre ebenfalls waschen und grob raffeln. Champignons putzen, kurz unter kaltem Wasser abspülen und blättrig schneiden. Tomate waschen und würfeln, dabei den Stielansatz entfernen. Spinat verlesen, waschen und abtropfen lassen. Frühlingszwiebeln putzen und in dünne Ringe schneiden, dabei etwa zwei Drittel des Zwiebelgrüns mitverwenden. Kräuter waschen, trockenschwenken und grob hacken. Alle diese Salatzutaten mit den Sprossen in einer Schüssel mischen.
Für das Dressing Apfeltee mit Essig, Senf, Salz, Pfeffer, Zucker und Öl verrühren. Nudeln in sprudelnd kochen-

dem Salzwasser einmal aufkochen, Topf von der Kochstelle nehmen. Nudeln 4 Minuten ziehen lassen, mit einer Gabel umrühren, abgießen und gut abgetropft mit dem Dressing mischen. Etwas abkühlen lassen, dann vorsichtig unter den Salat mischen. Kürbiskerne in einer Pfanne ohne Fettzugabe rösten und über den Salat streuen.

Nudelsalat mit Wirsing und geräuchertem Tofu

250 g geräucherter Tofu
1 kleiner Wirsingkohl (600 g)
1 Pfefferschote
1 Stück Schale und Saft von ½ unbehandelten Zitrone
3 EL Sojaöl
1 EL milder Obstessig
1 Msp gemahlener Koriander
100 g braune Egerlinge
150 g Bandnudeln
Salz
frisch gemahlener schwarzer Pfeffer
1 Bund Schnittlauch

Abgetropften Tofu würfeln. Wirsing putzen, waschen und in Streifen schneiden. Pfefferschote von den Kernen befreien und hacken. Zitronenschale in hauchfeine Streifen schneiden. Öl in einer Pfanne erhitzen. Wirsing darin portionsweise unter ständigem Rühren bißfest schmoren. Jeweils herausnehmen und in eine Schüssel geben. Pfanne von der Kochstelle nehmen. Für das Dressing Pfefferschote, Zitronenschale, Zitronensaft, Essig und Koriander in das Bratöl geben und ziehen lassen. Pilze putzen, gegebenenfalls waschen, blättrig schneiden. Nudeln in reichlich Salzwasser al dente garen. Abgetropft mit Wirsing, Tofu, Pilzen und Dressing mischen. Mit Salz und Pfeffer abschmecken. Schnittlauch waschen und in feine Röllchen schneiden. Salat damit bestreuen.

Frühlingszwiebeln mit Reisnudeln und Sprossen

1 EL Alfalfasamen
250 g feine Reisnudeln
750 g Frühlingszwiebeln
Salz
100 g frische Sojasprossen (Lunja)
5 EL Distelöl
1 Stück Schale und Saft von 1 unbehandelten Zitrone
1 Knoblauchzehe
75 ccm Gemüsebrühe
1 EL milder Weißweinessig
1 TL Balsamessig
1 Kästchen Gartenkresse
frisch gemahlener weißer Pfeffer

Alfalfasamen 3 Tage keimen lassen (*siehe* Seite 38, Stichwort »Sprossen«). Reisnudeln in reichlich lauwarmem Wasser etwa 1 Stunde einweichen. Frühlingszwiebeln putzen, welke grüne Blätter entfernen. Zwiebeln waschen, trockentupfen und im heißen Öl unter Wenden 5 Minuten braten. In eine tiefe Platte legen und salzen. Abgespülte Sojasprossen unter Rühren 2 Minuten braten. Über den Zwiebeln verteilen. Ein etwa 5 cm langes Stück Zitronenschale und die geschälte Knoblauchzehe hacken. Abgetropfte Reisnudeln, Zitronenschale, Knoblauch, Zitronensaft und Brühe in das Bratöl geben und einmal aufkochen. Weißwein- und Balsamessig untermischen. Über den Zwiebeln verteilen und zugedeckt 1 Stunde ziehen lassen. Abgespülte Alfalfasprossen und Kresseblättchen über den Salat geben. Pfeffer darübermahlen.

Marinierte weiße Bohnen mit Nudeln

150 g weiße Bohnen
3/8 l Gemüsebrühe
1/8 l trockener Weißwein
1 TL getrockneter Thymian
1 große Zwiebel
1 Knoblauchzehe
1 Zitrone
1 Lorbeerblatt
1 Gewürznelke
4 weiße Pfefferkörner
Salz
4 EL Olivenöl
150 g Muschelnudeln
250 g vollreife Tomaten
frisch gemahlener weißer Pfeffer
1 Bund Basilikum

Bohnen mit Gemüsebrühe, Wein und Thymian 8 Stunden zugedeckt einweichen, danach aufkochen und zugedeckt bei schwacher Hitze 1¾ Stunden garen. Zwiebel und Knoblauch schälen und hacken. Von der Zitrone ein etwa 3 cm langes Stück Schale hauchdünn abschneiden. Zitrone auspressen. Zitronenschale und -saft, Lorbeerblatt, Gewürznelke und Pfefferkörner zu den Bohnen geben. Erneut aufkochen und die Bohnen zugedeckt weitere 15 Minuten garen. Von der Kochstelle ziehen, mit Salz würzen und mit dem Öl mischen. Etwa 4 Stunden bei Zimmertemperatur ziehen lassen.
Nudeln in reichlich Salzwasser bißfest garen, abtropfen lassen und noch heiß unter die Bohnen mischen. Tomaten häuten und würfeln, dabei von Stielansätzen und Kernen befreien. Vorsichtig mit den Bohnen mischen. Mit Salz und Pfeffer abschmecken und dem gewaschenen, grob gehackten Basilikum bestreuen.

Scharfer Makkaronisalat mit Paprikaschoten

2 Zwiebeln
3 Knoblauchzehen
1 Pfefferschote
1 Zweig frischer Thymian
¼ l doppelt starke Instant-Gemüsebrühe
3 EL Kräuteressig
1 EL Kräutersenf
3 EL Olivenöl
250 g Vollkornmakkaroni
Salz
2 grüne Paprikaschoten (300 g)
1 Fleischtomate
1 Bund Basilikum
150 g griechischer Schafkäse

Zwiebeln und Knoblauch schälen und grob hacken. Pfefferschoten putzen, Kerne entfernen, Schote in Streifen schneiden. Thymian waschen, trockentupfen, Blättchen abzupfen. Diese Zutaten in der Gemüsebrühe aufkochen, Essig, Senf und Öl untermischen. Von der Kochstelle nehmen und ziehen lassen.

Makkaroni in Stücke brechen und in Salzwasser bißfest garen. Abgetropft mit der Gemüsebrühe mischen und lauwarm abkühlen lassen. Paprikaschoten und Fleischtomate waschen, abtrocknen und klein würfeln, dabei die Stielansätze, bei den Paprikaschoten zusätzlich die weißen Häutchen und die Kerne entfernen. Tomaten und Paprikaschoten mit den Nudeln mischen. Basilikum waschen, die Blättchen abzupfen und trockentupfen, aber nicht zerkleinern. Stiele fein hacken und ebenfalls mit dem Nudelsalat mischen. Schafkäse zerkrümeln und mit den Basilikumblättchen über den Salat streuen.

Nudelsalat mit Bohnen und Pinienkernen

1 Paket Tiefkühl-Grüne Bohnen (300 g)
1 EL getrocknetes Bohnenkraut
⅛ l Gemüsebrühe
250 g Muschel- oder Spiralennudeln
Salz
1 Bund Frühlingszwiebeln
4 EL Kräuteressig
2 TL Kräutersenf
frisch gemahlener schwarzer Pfeffer
2 EL Olivenöl
50 g Pinienkerne
1 TL Butter
½ Bund Petersilie
75 g Parmesankäse

Bohnen mit Bohnenkraut und Gemüsebrühe bißfest garen. Parallel dazu die Nudeln in Salzwasser al dente kochen, abtropfen lassen und mit den Bohnen mischen. Frühlingszwiebeln putzen, waschen und mit etwa zwei Drittel des Zwiebelgrüns in ganz feine Ringe schneiden. Für das Dressing Essig, Senf, Salz, Pfeffer und Öl verrühren. Zwiebeln und Dressing mit den Nudeln mischen. Pinienkerne in der heißen Butter goldbraun rösten. Petersilie waschen, trockentupfen und hacken. Parmesan grob reiben oder hobeln. Alle diese Zutaten über den Salat streuen.

Rettich-Radieschensalat mit Nudeln

250 g Hörnchennudeln
Salz
1 EL Sonnenblumenöl
1 weißer Rettich (500 g)
1 Bund Radieschen
2 Bund Dill
1 EL Sonnenblumenkerne
1 Becher Crème fraîche (200 g)
1 Becher saure Sahne (100 g)
2 EL Kräuteressig
frisch gemahlener schwarzer Pfeffer

Nudeln in Salzwasser al dente garen. Abgetropft mit dem Öl mischen. Während die Nudeln kochen, Rettich schälen und raspeln. Radieschen putzen, waschen, in Scheiben schneiden. Dill waschen und hacken. Nudeln mit Rettich, Radieschen, Dill und Sonnenblumenkernen mischen. Crème fraîche mit saurer Sahne, Salz, Essig und Pfeffer verrühren. Über den Salat geben und alles vorsichtig durchmischen. Salat mit den feinen gehackten Radieschenblättern bestreuen.

Nudelsalat mit gräuchertem Tofu

200 g gewellte Vollkornnudeln
100 g Tiefkühl-Erbsen
Salz
250 g geräucherter Tofu
3 EL Zitronensaft
1 EL Kräutersenf
frisch gemahlener weißer Pfeffer
½ Becher Crème fraîche (100 g)
2 EL Magerjoghurt
1 TL Maiskeimöl
1 kleiner Kopf Eisbergsalat
1 Zwiebel
1 Handvoll frische Kräuter (z. B. Thymian, Petersilie, Zitronenmelisse und Schnittlauch)

Nudeln in reichlich sprudelnd kochendem Salzwasser, Erbsen in wenig Wasser bißfest garen. Währenddessen Tofu würfeln. Für das Dressing Zitronensaft mit Senf, Pfeffer, Crème fraîche, Joghurt und Öl verrühren. Abgetropfte Nudeln und Erbsen mit Tofu und Dressing mischen. Salat putzen, waschen und in mundgerechte Stücke schneiden. Geschälte Zwiebel hacken. Kräuter verlesen, waschen, trockenschwenken und fein zerkleinern. Salat, Zwiebel und Kräuter vorsichtig mit dem Nudelsalat mischen.

Marinierte Pilze mit Nudeln und Tomaten

1 große Zwiebel
3 Knoblauchzehen
5 Zweige frischer Thymian
1 rote Pfefferschote
300 g kleine, feste Champignons
3 EL Olivenöl
¼ l doppelt starke Instant-Gemüsebrühe
¼ l trockener Weißwein
250 g kurze Vollkornnudeln
Salz
500 g Tomaten
1 Bund Basilikum
Salz
frisch gemahlener schwarzer Pfeffer

Zwiebel und Knoblauchzehen schälen und grob hacken. Thymian waschen, trockentupfen, Blättchen abstreifen. Pfefferschote von den Kernen befreien. Geputzte Pilze mit Zwiebel, Knoblauch, Thymianblättchen und Pfefferschote im erhitzten Öl unter Rühren einige Minuten braten. Brühe und Wein zugeben, einmal aufkochen und von der Kochstelle ziehen.
Nudeln in reichlich Salzwasser bißfest garen. Abgetropft mit den Pilzen mischen und lauwarm abkühlen lassen. Tomaten häuten und würfeln, dabei Stielansätze entfernen. Basilikum waschen, trockentupfen und fein hacken. Tomaten und Basilikum über der Nudelmischung verteilen. Mit wenig Salz und reichlich Pfeffer aus der Mühle bestreuen.

Nudelsalat mit Linsen und Möhren

1 Zwiebel
1 Knoblauchzehe
3 EL Erdnußöl
100 g schwarze Linsen
¼ l Gemüsebrühe
1 Bund frischer Majoran
6 EL milder Rotweinessig
Salz
schwarzer Pfeffer
250 g Hirsenudeln
2 EL Crème fraîche
1 große Möhre (200 g)
1 EL gehackte Petersilie

Zwiebel und Knoblauchzehe schälen und hacken. Öl erhitzen, Zwiebel und Knoblauch darin glasig braten. Linsen zufügen und so lange anschwitzen, bis sie vom Öl überzogen sind. Gemüsebrühe zugießen. Linsen einmal aufkochen und zugedeckt bei schwacher Hitze 35—45 Minuten garen, bis sie kernig weich sind. Majoran waschen, trockentupfen, die Blättchen abzupfen und hacken. Linsen mit Majoran und Essig mischen, mit Salz und Pfeffer abschmecken und lauwarm abkühlen lassen.
Nudeln in reichlich sprudelnd kochendem Salzwasser bißfest garen, abgießen, abtropfen lassen und sofort mit den Linsen mischen. Crème fraîche unterziehen. Möhre schälen, raspeln und mit der Petersilie über den Salat streuen.

Nudelsalat mit Kichererbsen und Curry

Für 8 Personen:

250 g Kichererbsen
½ l Gemüsebrühe
1 Zwiebel
1 Pfefferschote
2 Gewürznelken
1 Lorbeerblatt
je 1 TL Senfkörner, Fenchelsamen, Bockshornkleesamen, gemahlene Gelbwurz (Kurkuma) und Kreuzkümmel (Kumin)
½ TL gemahlener Koriander
⅛ l kaltgepreßtes Erdnußöl
1 Eigelb
1 TL scharfer Senf
Salz
frisch gemahlener weißer Pfeffer
2 Becher Magerjoghurt (350 g)
½ Zitrone
1 kandierte Ingwerpflaume
300 g kurze Nudeln
1 Bund Frühlingszwiebeln
1 Kohlrabi (250 g)
1 Möhre (200 g)
je 1 Bund Schnittlauch und Petersilie

Kichererbsen in der Gemüsebrühe zugedeckt 8 Stunden einweichen, Zwiebel schälen, Pfefferschote von den Kernen befreien. Beide Zutaten sowie Gewürznelken und Lorbeerblatt zu den Kichererbsen geben. Einmal aufkochen und zugedeckt bei schwacher Hitze 2 Stunden garen. Gewürze, Pfefferschote und Zwiebel entfernen. Für die Currymayonnaise Senfkörner, Fenchel- und Bockshornkleesamen in einer Pfeffermühle mahlen. Mit Gelbwurz, Kreuzkümmel und Koriander mischen. 2 EL Öl erhitzen. Gewürzmischung darin bei schwacher Hitze unter ständigem Rühren 1 Minute rösten. Von der Kochstelle nehmen und abkühlen lassen. Eigelb mit Senf, Salz und Pfeffer verrühren. Restliches Öl zuerst tropfenweise, dann in dünnem Strahl zugießen. Alles

mit einem Schneebesen zur Mayonnaise aufschlagen. Mayonnaise mit Joghurt, Zitronensaft und Gewürzmischung verrühren. Ingwerpflaume fein hacken und daruntermischen.
Nudeln in reichlich Salzwasser bißfest garen, abgetropft unter die gegarten Kichererbsen mischen. Frühlingszwiebeln putzen, waschen und mit etwa zwei Drittel der grünen Blätter in feine Ringe schneiden. Zarte Kohlrabiblättchen abschneiden und beiseite legen. Kohlrabi und Möhre schälen und grob raffeln. Schnittlauch, Petersilie und Kohlrabiblättchen waschen und fein zerkleinern. Alle diese Zutaten und die Currymayonnaise mit den Nudeln mischen.

Nudelsalat mit schwarzen Bohnen und Artischocken

Für 8 Personen:

250 g schwarze Bohnen
½ l Gemüsebrühe
1 Zwiebel
1 Knoblauchzehe
2 Gewürznelken
1 Lorbeerblatt
1 TL weiße Pfefferkörner
300 g Muschelnudeln
Salz
1 Beutel Hagebuttentee
½ Tasse Wasser
3 EL Rotweinessig
1 El scharfer Senf
frisch gemahlener weißer Pfeffer
5 EL kaltgepreßtes Sonnenblumenöl
1 Kopf Radicchiosalat (250 g)
1 rote Zwiebel
1 Dose Artischockenherzen (Einwaage 400 g)
1 Glas Kapern
75 g Haselnußkerne
1 Bund Schnittlauch

Bohnen in der Gemüsebrühe zugedeckt 8 Stunden einweichen. Zwiebel und Knoblauchzehe schälen, mit Gewürznelken, Lorbeerblatt und Pfefferkörnern zu den Bohnen geben. Einmal aufkochen und zugedeckt bei schwacher Hitze 2 Stunden garen. Gewürze, Pfefferschote, Zwiebel und Knoblauch entfernen. Nudeln in Salzwasser bißfest garen, abgetropft mit den gegarten, heißen Bohnen mischen. Für das Dressing Tee mit kochendem Wasser übergießen und 10 Minuten ziehen lassen. Tee mit Essig, Senf, Salz, Pfeffer und Öl verrühren. Dressing unter die Nudeln mischen. Radicchio putzen, waschen und zerpflücken. Zwiebel schälen, halbieren und in feine Streifen schneiden. Beide Zutaten mit abgetropften, halbierten Artischockenherzen und Kapern (mit Lake) unter den Salat mischen. Salat bei Zimmertemperatur 30 Minuten ziehen lassen. Haselnußkerne grob hacken und in einer Pfanne ohne Fett unter ständigem Rühren etwa 5 Minuten rösten. Schnittlauch waschen und fein zerkleinern. Nüsse und Schnittlauch über den Salat streuen.

Suppen und Eintöpfe

Gemüsesuppe mit Glasnudeln

6 getrocknete Chinapilze (Mu-Err)
⅛ l Wasser
200 g Frühlingszwiebeln
1 Knoblauchzehe
1 kleine Möhre
100 g frischer Spinat
1 TL Erdnußöl
1 l Gemüsebrühe
20 g Glasnudeln
2 EL Sojasauce
2 EL trockener Sherry
1 EL Zitronensaft
1 EL gehackte Petersilie

Pilze im Wasser zugedeckt 5 Stunden einweichen, herausnehmen und in Streifen schneiden. Einweichwasser durch eine Kaffeefiltertüte gießen. Frühlingszwiebeln putzen, waschen und mit etwa zwei Drittel des zarten Grüns in Ringe teilen. Knoblauch schälen und fein hakken. Möhre schaben und in feine Stifte schneiden. Spinat verlesen, mehrmals gründlich waschen und auf Tellern verteilen. Öl erhitzen. Zwiebelringe, Knoblauch, Möhre und Pilzstreifen darin bei mittlerer bis schwacher Hitze anbraten. Gemüsebrühe und Einweichwasser der Pilze hinzufügen, aufkochen und etwa 3 Minuten leise kochen lassen. Glasnudeln, Sojasauce, Sherry und Zitronensaft zugeben, erneut aufkochen. Suppe über dem Spinat verteilen und mit Petersilie bestreut servieren.

Feine Erbsensuppe mit Nudeln

1¼ l Gemüsebrühe
1 Paket Tiefkühl-Erbsen (300 g)
60 g feine Suppennudeln
3 EL Sahne
1 Ei
1 Bund Petersilie

Gemüsebrühe zum Kochen bringen. Erbsen darin einmal aufkochen. Nudeln zugeben, erneut aufkochen und in etwa 4 Minuten bißfest garen. Sahne mit Ei verrühren und die heiße, nicht mehr kochende Suppe damit binden. Petersilie waschen, trockentupfen und fein hacken. Die Suppe damit bestreut servieren.

Tortellinisuppe mit Broccoli

1 Paket Tiefkühl-Broccoli (300 g)
1¼ l Gemüsebrühe
150 g frische »Tortellini mit Käse-Kräuter-Füllung« (fertig gekauft oder nach dem Rezept Seite 127 zubereitet)
1 Bund Schnittlauch
2 EL frisch geriebener Parmesankäse

Broccoli auftauen lassen und in mundgerechte Stücke schneiden. Gemüsebrühe zum Kochen bringen. Tortellini und Broccoli zugeben, einmal aufkochen und in 2—3 Minuten bißfest garen. Schnittlauch waschen, trokkentupfen und in feine Röllchen schneiden. Suppe in Tellern verteilen, mit Schnittlauch und Parmesankäse bestreut servieren.

Anmerkung: Frische Tortellini mit vegetarischen Füllungen gibt es in Feinkostläden, italienischen Lebensmittelgeschäften und der Spezialabteilung großer Warenhäuser und Supermärkte. Vakuumverpackte Tortellini in der Kühltheke von Supermärkten oder getrocknete Tortellini in Tüten enthalten meist eine Fleischfüllung. Zum Garen brauchen sie 8—12 Minuten.

»Fleckerl«-Suppe mit Porree und Käse

400 g dünne Porreestangen
1 Knoblauchzehe
50 g Greyerzer oder Emmentaler Käse
1 EL Butter
1 TL Kümmel
1 l Gemüsebrühe
1 EL Zitronensaft
100 g selbstgemachte, frische »Fleckerl« (siehe Rezept Seite 111)
Cayennepfeffer
1 Päckchen gemischte Tiefkühl-Kräuter

Porree putzen, waschen und mit etwa zwei Drittel der grünen Blätter in fingerbreite Stücke schneiden. Geschälten Knoblauch hacken. Käse reiben. Butter zerlassen. Porree, Knoblauch und Kümmel darin bei mittlerer Hitze unter ständigem Rühren anbraten. Brühe und Zitronensaft zugeben. Aufkochen und bei schwacher Hitze 3 Minuten garen. Fleckerl zugeben, erneut aufkochen und 1—2 Minuten garen. Suppe mit einer kräftigen Prise Cayennepfeffer abschmecken, in Tellern verteilen, mit Käse und Kräutern bestreuen und sofort servieren.

Deftige Nudelsuppe mit Gemüse

Für 5—6 Personen:

1 große Zwiebel
1 EL Butter
1 Bund Petersilie
1½ l Gemüsebrühe
1 Paket Tiefkühl-Suppengemüse (450 g)
100 g selbstgemachte Nudeln
frisch gemahlener schwarzer Pfeffer

Zwiebeln schälen, halbieren und in feine Streifen schneiden. In der heißen Butter bei schwacher Hitze unter häufigem Rühren in etwa 10 Minuten weich braten. Petersilie waschen, trockentupfen, ganz fein hacken und untermischen. Die Pfanne von der Kochstelle ziehen. Brühe zum Kochen bringen. Gemüse und Bandnudeln darin einmal aufkochen und in etwa 3 Minuten bißfest garen. Suppe mit Pfeffer abschmecken, in eine Terrine füllen und mit der Zwiebelmischung belegen.

Anmerkung: Wenn Sie die Nudeln nicht frisch machen, sondern getrocknete aus dem Vorrat verwenden, brauchen sie länger zum Garen als das Gemüse. Die Nudeln deshalb zuerst in die Brühe geben und etwa 3 Minuten vorgaren. Oder separat in reichlich Salzwasser bißfest kochen und gut abgetropft in der Terrine mit der fertigen Suppe übergießen.

Grüne Suppe mit Ravioli

1 Kopfsalat (etwa 500 g)
1 Bund Suppengrün
1 Schalotte oder kleine Zwiebel
1 EL Butter
1 l Gemüsebrühe
frisch gemahlener weißer Pfeffer
Muskatnuß
4 große oder 8 kleine frische »Ravioli mit Käse-Kräuterfüllung« (fertig gekauft oder nach dem Rezept S. 131 zubereitet)
⅛ l Sahne
1 Eigelb
1 EL gehackte Petersilie

Kopfsalat putzen, äußere Blätter entfernen, Salat gründlich waschen und trockenschwenken. Mit dem Strunk grob zerkleinern. Das gewaschene, geputzte Suppengrün und die geschälte Schalotte hacken. Butter zerlassen. Suppengrün und Schalotte darin bei mittlerer Hitze anbraten. Salat zugeben, mit Gemüsebrühe aufgießen. Zum Kochen bringen und zugedeckt bei schwacher Hitze 10 Minuten garen. Mit dem Schneidestab des Handrührgerätes pürieren, mit Pfeffer und einer kräftigen Prise Muskatnuß würzen.
Während die Suppe kocht, die Ravioli in sprudelnd kochendem Salzwasser 2—3 Minuten garen, bis sie bißfest sind. Mit einem Schaumlöffel herausnehmen und in vorgewärmte Teller geben. Die Sahne mit dem Eigelb verquirlen und in die heiße, nicht mehr kochende Suppe rühren. Die Suppe über den Ravioli verteilen und mit der Petersilie bestreuen.

Nudelsuppe mit Tofu

250 g Tofu
2 EL Sojasauce
2 EL Zitronensaft
250 g Möhren
200 g braune Egerlinge
1 EL Sonnenblumen- oder Maiskeimöl
1 l Gemüsebrühe
1 EL trockener Sherry
weißer Pfeffer
1 EL Schnittlauchröllchen

Tofu in Würfel von etwa 1 cm Kantenlänge schneiden, mit Sojasauce und Zitronensaft mischen und zugedeckt 30 Minuten marinieren. Möhren schälen und in dünne Stifte schneiden. Geputzte Pilze gegebenenfalls waschen, blättrig schneiden. Tofu im heißen Öl unter häufigem Wenden etwa 5 Minuten braten. Pfanne von der Kochstelle ziehen. Brühe zum Kochen bringen. Möhren zugeben und 3 Minuten kochen, Pilze und Tofu mit dem Bratfett zugeben und einmal aufkochen. Suppe mit Sherry und Pfeffer abschmecken und in vorgewärmten Tellern verteilen. Schnittlauch darüberstreuen und die Suppe sofort servieren.

Käse-Sahne-Suppe mit feinen Nudeln

1 Bund Petersilie
Schale und Saft von ½ unbehandelten Zitrone
¾ l Gemüsebrühe
1 Becher Crème fraîche (200 g)
125 g frische, selbstgemachte Suppennudeln (oder 125 g gekaufte Suppennudeln, frisch gegart)
2 Eigelb
2 EL Sahne
1 EL frisch geriebener, mittelalter Goudakäse

Petersilie waschen, trockentupfen und ganz fein hacken. Die Zitronenschale mit einem Sparschäler abschneiden und in millimeterdünne Streifen schneiden. Gemüsebrühe mit Zitronensaft und Crème fraîche aufkochen. Selbstgemachte Nudeln und Zitronenschale darin einmal aufkochen. Topf von der Kochstelle ziehen. Gekaufte, gegarte Nudeln jetzt erst untermischen. Eigelb mit Sahne und Käse verrühren, die Suppe damit binden. Petersilie untermischen. Suppe in sehr heißen Tellern verteilen und sofort servieren.

Scharfe Suppe mit Glasnudeln und Pilzen

10 getrocknete Chinapilze (Mu-Err)
¼ l Wasser
1 frische Pfefferschote
1 Knoblauchzehe
⅜ l Gemüsebrühe
75 g Champignons
4 EL Sojasauce
3 EL Zitronensaft
20 g Glasnudeln
1 Frühlingszwiebel

Pilze im Wasser zugedeckt 5 Stunden einweichen, herausnehmen und in Streifen schneiden. Einweichwasser durch eine Kaffeefiltertüte gießen. Pfefferschote putzen, halbieren, Kerne entfernen. Knoblauch schälen. Gemüsebrühe und Einweichwasser mit der Pfefferschote und dem Knoblauch aufkochen und etwa 10 Minuten leise kochen lassen. Inzwischen Champignons putzen, gegebenenfalls waschen, blättrig schneiden. Pfefferschote und Knoblauch aus der Brühe nehmen, Sojasauce, Zitronensaft und Chinapilze zugeben und 5 Minuten kochen. Champignons und Glasnudeln zufügen und nur aufkochen. Geputzte, gewaschene Frühlingszwiebel mit etwa zwei Drittel der grünen Blätter in hauchfeine Ringe schneiden. Auf Tellern verteilen. Suppe darübergießen.

Tomatensuppe mit Buchweizennudeln

Für 5—6 Personen:

1 kg vollreife Tomaten
1 Bund Suppengrün
1 große Zwiebel
2 Knoblauchzehen
4 Zweige frischer Thymian oder 1 knapper EL getrockneter Thymian
1 EL Olivenöl
½ l Gemüsebrühe
1 Becher Crème fraîche (200 g)
100 g selbstgemachte frische oder 50 g getrocknete »Buchweizennudeln« (Rezept S. 48)
Salz
schwarzer Pfeffer
1 Bund Petersilie

Tomaten häuten und würfeln, dabei von den Stielansätzen befreien. Suppengrün putzen, waschen und fein zerkleinern. Zwiebel und Knoblauchzehen schälen und hacken. Thymian waschen, Blättchen abzupfen. Öl erhitzen, Suppengrün, Zwiebel, Knoblauch und Thymian darin anbraten. Tomaten zugeben und unter Rühren etwa 5 Minuten mitschmoren. Brühe zugießen, aufkochen und zugedeckt bei schwacher Hitze 5 Minuten kochen. Inzwischen die frischen Nudeln 1—2, die getrockneten 5—6 Minuten in Salzwasser garen. Crème fraîche in die Suppe rühren und erneut aufkochen. Suppe mit Salz und Pfeffer abschmecken, abgetropfte Nudeln untermischen. Petersilie waschen, trockenschwenken und fein hacken. Die Hälfte davon in die Suppe rühren. Suppe in Teller füllen und mit der restlichen Petersilie bestreut servieren.

Anmerkung: Wirklich reife Tomaten müssen zum Häuten nicht überbrüht werden; die Haut läßt sich auch so ganz leicht mit einem kleinen spitzen Messer abziehen.

Suppe mit Bohnen und Nudeln ▷
(Rezept S. 83)

Wenn Sie keine aromatischen Tomaten bekommen, nehmen Sie geschälte Tomaten aus der Dose.

Nudelsuppe mit Gemüse und pochiertem Ei

2 l Wasser
2 EL Essig oder Zitronensaft
4 frische Eier
1 l Gemüsebrühe
Salz
frisch gemahlener weißer Pfeffer
60 g feine Suppennudeln
200 g Zuckerschoten
½ Kästchen Gartenkresse

Wasser mit Essig zum Kochen bringen. Eier nacheinander vorsichtig in einer Schöpfkelle aufschlagen und in das sprudelnd kochende Wasser gleiten lassen. Die Eier 4 Minuten garen, mit einem Schaumlöffel herausnehmen, gut abgetropft in vorgewärmte Teller geben und warm halten. Gemüsebrühe mit Salz und Pfeffer zum Kochen bringen. Nudeln zugeben, einmal aufkochen und halbweich garen. Geputzte, gewaschene Zuckerschoten zugeben, erneut aufkochen und weitere 2 Minuten kochen lassen. Suppe über den Eiern verteilen und mit Kresseblättchen bestreut servieren.

Anmerkung: Die Garzeiten von Nudeln lassen sich nicht exakt angeben: Wie lange sie sprudelnd kochen müssen, um bißfest (al dente) zu sein, hängt von Teigbeschaffenheit, Frische der Nudeln und — nicht zuletzt — von Ihrem persönlichen Geschmack ab. Am besten probieren Sie ein- oder zweimal, während die Nudeln garen.

◁ *Lasagne mit zwei Gemüsefüllungen* (Rezept S. 101)

Nudelsuppe mit Sahne und Pilzen

250 g Champignons
1 Frühlingszwiebel
1 Bund Petersilie
1 TL Butter
1 l Gemüsebrühe
125 g selbstgemachte frische oder 60 g getrocknete grüne Nudeln
1 Becher Sahne (200 g)
Cayennepfeffer

Champignons putzen, gegebenenfalls waschen, in dünne Scheiben schneiden. Geputzte, gewaschene Frühlingszwiebel mit etwa zwei Drittel der grünen Blätter in feine Ringe schneiden. Petersilie waschen und trockentupfen. Die Blätter abzupfen und beiseite legen, die Stiele ganz fein zerkleinern. Butter erhitzen. Zwiebelringe und Petersilienstiele darin anbraten. Gemüsebrühe zugießen und zum Kochen bringen. Pilze, frische Nudeln und Sahne zugeben und 1—2 Minuten garen (getrocknete Nudeln in der Brühe etwa 5 Minuten garen, dann erst Sahne und Pilze zugeben). Etwa die Hälfte der Petersilienblättchen untermischen. Suppe mit Cayennepfeffer abschmecken, in vorgewärmten Tellern verteilen und mit dem Rest der Petersilienblättchen bestreuen.

Maultaschensuppe mit Kräutern

(Abb. Seite 33)

1 l Gemüsebrühe
2 EL Sojasauce
1 EL Zitronensaft
1 EL trockener Sherry
8 große oder 12 kleine Maultaschen
½ Bund Petersilie
½ Bund Schnittlauch
1 knappe Handvoll frischer Kerbel

Die Brühe mit Sojasauce, Zitronensaft und Sherry zum Kochen bringen. Die Maultaschen darin 3—6 Minuten kochen, bis sie al dente sind; die Kochzeit richtet sich nach der Feuchtigkeit des Teiges: sehr frischer Teig gart rasch, bereits leicht angetrockneter braucht mehr Zeit. Die Suppe in eine vorgewärmte Terrine füllen. Die Kräuter waschen, fein zerkleinern und darüberstreuen.

Suppe mit Bohnen und Nudeln

(Abb. Seite 80)

Für 5—6 Personen:

150 g rote Bohnen
1½ l Gemüsebrühe
2 große Zwiebeln
1 frische Pfefferschote
1 Knoblauchzehe
2 Stangen Porree (etwa 300 g)
2 EL Öl
250 g Hörnchennudeln
1 EL Tomatenmark
Salz
frisch gemahlener schwarzer Pfeffer

Bohnen etwa 8 Stunden zugedeckt in der Gemüsebrühe einweichen. 1 Zwiebel schälen, mit geputzter, entkernter Pfefferschote zu den Bohnen geben. Alles zum Kochen bringen und zugedeckt bei schwacher Hitze 2 Stunden garen. Zwiebel und Pfefferschote herausnehmen. Zweite Zwiebel und Knoblauch schälen und hakken. Porree putzen, waschen und mit etwa zwei Drittel der grünen Blätter in fingerbreite Stücke schneiden. Öl erhitzen. Zwiebel und Knoblauch darin anbraten. Porree und vorgegarte Bohnen mit der Brühe zugeben. Einmal aufkochen und zugedeckt 5 Minuten garen. Inzwischen Nudeln in reichlich Salzwasser bißfest kochen. Abgetropfte Nudeln und Tomatenmark in die Suppe geben, mit Salz und Pfeffer abschmecken.

Nudeln mit schwarzen Linsen und Mais

1 Bund Suppengrün
1 Zwiebel
1 EL Öl
200 g schwarze Linsen
1 TL getrocknetes Bohnenkraut
½ l Gemüsebrühe
1 kleine Dose geschälte Tomaten
1 Dose Zuckermais
1 Becher Sahne (200 g)
Salz
Cayennepfeffer
400 g selbstgemachte, frische »Hirsenudeln« (Rezept S. 47) oder 250 g fertig gekaufte Hirsenudeln
2 Bund Schnittlauch

Suppengrün putzen, waschen und grob zerkleinern. Geschälte Zwiebel hacken. Öl erhitzen, Suppengrün, Zwiebel, Linsen und Bohnenkraut darin unter Rühren anbraten. Gemüsebrühe und Tomaten mit Flüssigkeit zugeben, einmal aufkochen und zugedeckt bei schwacher Hitze 45—60 Minuten garen, bis die Linsen bißfest sind. Mais und Sahne untermischen und erneut aufkochen. Linsen mit Salz und einer kräftigen Prise Cayennepfeffer abschmecken.
Während die Linsen garen, frische Nudeln in Salzwasser 1—2, gekaufte Nudeln etwa 6 Minuten kochen. Abgetropft unter die Linsen mischen. Gewaschenen Schnittlauch fein zerkleinern, die Hälfte unter den Eintopf mischen, den Rest darüberstreuen.

Sahnerüben mit Gerstennudeln

200 g Zwiebeln
750 g Steckrüben
2 EL Öl
¾ l Gemüsebrühe
1 Stange Porree
1 Bund Majoran
1 Becher Sahne (200 g)
400 g selbstgemachte, frische »Gerstennudeln« (Rezept S. 46) oder 200 g fertig gekaufte Vollkornbandnudeln
Salz
frisch gemahlener schwarzer Pfeffer
1 EL Schnittlauchröllchen

Zwiebeln schälen und hacken. Steckrüben putzen, schälen und waschen. In etwa 1 cm große Würfel schneiden. Öl erhitzen, Zwiebeln darin bei schwacher bis mittlerer Hitze glasig braten. Rüben zugeben und unter Rühren etwa 3 Minuten mitbraten. Gemüsebrühe zugießen. Alles einmal aufkochen und zugedeckt bei schwacher Hitze 30 Minuten garen. Inzwischen Porree putzen, waschen und mit etwa zwei Drittel der grünen Blätter in etwa fingerbreite Stücke schneiden. Gewaschenen Majoran hacken. Beide Zutaten und die Sahne zu den Rüben geben, erneut aufkochen und weitere 5 Minuten garen.
Frische Gerstennudeln in reichlich Salzwasser 1—2, Vollkornbandnudeln etwa 6 Minuten al dente garen. Die abgetropften Nudeln unter die Sahnerüben mischen. Mit Salz und Pfeffer abschmecken, mit Schnittlauch bestreuen.

Beilage: Endivien-Radicchio-Salat mit Kräutervinaigrette.

Gemischte Erbsen mit Spätzle und Kräuterbutter

250 g getrocknete grüne Schälerbsen
½ l Gemüsebrühe
75 g Butter
2 Knoblauchzehen
1 EL frisch gehackte Petersilie
1 EL Zitronensaft
Salz
frisch gemahlener schwarzer Pfeffer
750 g Grünkohl
1 Zwiebel
1 EL Öl
1 getrocknete rote Pfefferschote
½ Becher Crème fraîche (100 g)
Spätzleteig mit Vollkornmehl (Rezept S. 50, halbe Menge)
1 Paket Tiefkühl-Erbsen und Karotten (450 g)
1 Bund Schnittlauch

Schälerbsen in der Gemüsebrühe aufkochen und zugedeckt bei schwacher Hitze 1½ Stunden garen. Weiche Butter mit geschältem, zerdrücktem Knoblauch, Petersilie, Zitronensaft, Salz und Pfeffer mischen. Grünkohlblätter von den Stielen streifen, waschen, trockenschwenken und in Streifen schneiden. Zwiebel schälen, hacken und im heißen Öl glasig braten. Schälerbsen, entkernte Pfefferschote und Crème fraîche zugeben, aufkochen und 15 Minuten bei schwacher Hitze zugedeckt garen.
Inzwischen Spätzle portionsweise in reichlich Salzwasser garen, jeweils herausnehmen und warm halten. Grünkohl und Tiefkühlgemüse unter die Erbsen mischen und weitere 5 Minuten garen. Spätzle und Kräuterbutter mit dem Gemüse mischen. Schnittlauch waschen, trokkentupfen und in feine Röllchen schneiden. Über den Eintopf streuen.

Anmerkung: Ungeschälte grüne Erbsen müssen etwa 8

Stunden vorgeweicht und insgesamt 2 Stunden gegart werden, bis sie weich sind.

Linsen mit Spätzle

4 Zwiebeln
1 EL Öl
200 g braune Linsen
¾ l Gemüsebrühe
1 Lorbeerblatt
1 EL getrockneter Majoran
50 g Butter
Teig »Weiße Spätzle« (Rezept S. 52)
50 g Butter
2—3 EL Weißweinessig
Salz
frisch gemahlener schwarzer Pfeffer

Zwiebeln schälen, 1 Zwiebel fein hacken, die anderen in dünne Ringe schneiden. Öl erhitzen und die gehackten Zwiebeln bei mittlerer Hitze darin glasig braten. Linsen zufügen. Die Gemüsebrühe, Lorbeerblatt und den Majoran dazugeben, alles einmal aufkochen und zugedeckt bei schwacher Hitze etwa 40—60 Minuten garen. Inzwischen die Butter in einer Pfanne erhitzen und die Zwiebelringe darin bei schwacher Hitze 5 Minuten zugedeckt, dann offen unter häufigem Umrühren in etwa 15 Minuten weich und goldgelb braten.
Spätzle in reichlich kochendem Salzwasser portionsweise garen, bis sie an die Oberfläche steigen, mit einem Schaumlöffel herausnehmen und in einer vorgewärmten Schüssel warm halten. Linsen mit dem Essig, Salz und Pfeffer abschmecken, mit den Spätzle mischen und mit den Zwiebelringen belegt anrichten.

Beilage: Grüner Salat mit Sahne-Kräuterdressing.

»Fleckerl« mit Dicken Bohnen

1 große Zwiebel
1 EL Öl
1 TL getrockneter Thymian
1 Paket Tiefkühl-Dicke Bohnen (300 g)
⅛ l Gemüsebrühe
1 Lorbeerblatt
1 Becher Crème fraîche (200 g)
Salz
frisch gemahlener schwarzer Pfeffer
400 g frische Teigplatten (Rezept »Grüne Vollkorn-nudeln«, S. 49)
1 EL Butter
1 Bund Petersilie

Zwiebel schälen und hacken. Öl erhitzen, Zwiebel und Thymian darin anbraten. Dicke Bohnen, Gemüsebrühe und Lorbeerblatt zugeben, einmal aufkochen und zugedeckt bei schwacher Hitze 20 Minuten garen. Lorbeerblatt herausnehmen, Crème fraîche untermischen und erneut aufkochen. Mit Salz und Pfeffer abschmecken.
Teigplatten in Quadrate (»Fleckerl«) von etwa 2 cm Kantenlänge schneiden, in reichlich sprudelnd kochendem Salzwasser 1—2 Minuten garen, abgießen, abtropfen lassen und mit der Butter vorsichtig unter die Bohnen mischen. Gewaschene, gehackte Petersilie über den Eintopf streuen.

Anmerkung: Statt selbstgemachter »Fleckerl« können Sie 250 g fertig gekaufte grüne Bandnudeln nehmen. Die Nudeln etwa 6 Minuten garen.

Rote Nudeln mit Frischkäse

750 g rote Beten
1 Zwiebel
1 EL Butter
3/8 l Gemüsebrühe
1/8 l Sahne
400 g selbstgemachte, frische »Rote Vollkornnudeln« (Rezept S. 50) oder
250 g fertig gekaufte Bandnudeln
Salz
weißer Pfeffer
Cayennepfeffer
1 Becher körniger Frischkäse (200 g)
1 EL gehackter Dill

Blätter der roten Beten abschneiden, die welken Blätter wegwerfen, die anderen beiseite legen. Rote Beten waschen, schälen und raspeln. Zwiebel schälen und hakken. Butter erhitzen, Zwiebel darin glasig braten. Rote Beten zugeben und unter Rühren einige Minuten mitbraten. Gemüsebrühe dazugießen, einmal aufkochen und die roten Beten zugedeckt bei schwacher Hitze in etwa 10 Minuten bißfest garen. Sahne untermischen und einmal aufkochen.
Während die roten Beten garen, frische Nudeln 1—2, fertig gekaufte Nudeln etwa 6 Minuten garen. Rote Beten mit Salz, Pfeffer und Cayennepfeffer abschmecken, abgetropfte Nudeln untermischen. Eintopf in heiße Teller geben, Frischkäse darauf verteilen. Fein geschnittene Blättchen der roten Beten und Dill darüberstreuen.

Beilage: Gurkensalat mit Dill und Walnußkernen.

Schrotspätzle mit Rotkohl und Apfel

1 Kopf Rotkohl (etwa 1 kg)
1 große Zwiebel
1 EL Sonnenblumenöl
1 TL gemahlener Kreuzkümmel (Kumin)
¼ l Gemüsebrühe
2 Lorbeerblätter
2 Gewürznelken
1 TL weiße Pfefferkörner
1 Stück Zimtstange (etwa 2 cm lang)
2 säuerliche Äpfel (Boskop, Gravensteiner oder Jonagold, etwa 500 g)
Teig »Schrotspätzle« (Rezept S. 52)
2—3 EL Apfel- oder anderen Obstessig
Salz
frisch gemahlener schwarzer Pfeffer
1 Bund Petersilie

Rotkohl putzen, vierteln, den Strunk herausschneiden. Die Kohlviertel waschen, trockenschwenken und in Streifen schneiden. Zwiebel schälen und fein hacken, im heißen Öl anbraten. Mit Kreuzkümmel bestäuben, einige Male umrühren. Kohlstreifen, Gemüsebrühe, Lorbeerblätter, Nelken, Pfefferkörner und Zimt zugeben, einmal aufkochen und zugedeckt bei schwacher Hitze 10 Minuten garen. Inzwischen die Äpfel achteln, schälen und vom Kerngehäuse befreien. Auf den Kohl legen und alles zugedeckt weitere 10 Minuten garen.
Währenddessen Spätzle in reichlich kochendem Salzwasser portionsweise garen, bis sie an die Oberfläche steigen, mit einem Schaumlöffel herausnehmen und in einer vorgewärmten Schüssel warm halten. Rotkohl mit dem Essig, Salz und Pfeffer abschmecken, mit den Spätzle mischen und mit der gehackten Petersilie bestreuen.

Beilage: Endiviensalat mit Sahnedressing und Kräutern.

Gemüsenudeln mit Eiersauce

Für 3—4 Personen:

3 Eier
500 g grüner Spargel
250 g Zuckerschoten
250 g Sojasprossen
1 l Wasser
Salz
1 EL Butter
1 EL Mehl
400 g selbstgemachte, frische »Hirsenudeln« (Rezept S. 47) oder
250 g getrocknete (fertig gekaufte) Hirsenudeln
½ Becher Sahne (125 g)
Muskatnuß
Cayennepfeffer
1 Handvoll frischer Kerbel oder
½ Päckchen gemischte Tiefkühl-Kräuter

Eier in etwa 8 Minuten hart kochen, abschrecken und schälen. Spargel waschen, eventuell holzige Stellen abschneiden. Spargelstangen in etwa 3 cm lange Stücke schneiden. Zuckerschoten putzen und waschen, Sojasprossen kalt abspülen und trockenschwenken. Wasser mit Salz zum Kochen bringen. Zuerst Spargelstücke (ohne Köpfe) etwa 5 Minuten garen. Spargelköpfe und Zuckerschoten zugeben und 3 Minuten kochen. Sojasprossen zugeben und nur einmal aufkochen. Gemüse abgießen — Kochwasser dabei auffangen — und warm halten. Für die Sauce ⅛ l Kochwasser abmessen und aufkochen. Weiche Butter mit Mehl verkneten. Mit einem Schneebesen in das Kochwasser rühren. Zugedeckt bei schwacher Hitze 10 Minuten kochen lassen.
Inzwischen die frischen Nudeln in sprudelnd kochendem Salzwasser 1—2 Minuten, die getrockneten etwa 6 Minuten garen. Sahne in die Sauce rühren, mit Muskatnuß und Cayennepfeffer abschmecken. Gehackte Eier und gewaschenen, grob zerkleinerten Kerbel untermischen. Gemüse mit Sauce und abgetropften Nudeln mischen und in vorgewärmten Tellern sofort servieren.

Bohnen mit Nudeln und Knoblauchsauce

250 g weiße Bohnen
½ l Gemüsebrühe
1 Gemüsezwiebel
2 Möhren (250 g)
500 g frischer Wurzelspinat
1 großes Bund Basilikum
4 Knoblauchzehen
25 g Parmesankäse
6 EL Olivenöl
250 g kurze Nudeln (Hörnchen, Spiralen oder Penne)
Salz
frisch gemahlener schwarzer Pfeffer

Bohnen etwa 8 Stunden zugedeckt in der Gemüsebrühe einweichen. Die Bohnen aufkochen und zugedeckt bei schwacher Hitze 1¾ Stunden garen. Zwiebel schälen, halbieren und in feine Streifen schneiden. Geschälte Möhren in dünne Stifte teilen. Spinat mehrmals gründlich waschen, von den harten Stielen befreien und grob zerkleinern. Basilikum waschen, sehr gut trockentupfen. Knoblauchzehen schälen. Basilikum mit Knoblauch, Parmesankäse und 4 EL Olivenöl im Blitzhacker pürieren. Restliches Öl erhitzen, Zwiebel und Möhren darin anbraten. Bohnen mit der verbliebenen Flüssigkeit zugeben, aufkochen und zugedeckt 10 Minuten garen.
Inzwischen Nudeln in reichlich Salzwasser bißfest kochen. Spinat unter die Bohnen mischen und unter Rühren zusammenfallen lassen. Bohnengemüse mit Salz und Pfeffer abschmecken und mit den abgetropften Nudeln mischen. Knoblauchsauce dazu servieren.

Chinesische Eiernudeln mit Gemüse und Kresse

2 Kohlrabiknollen (etwa 500 g)
1 kleiner Blumenkohl (etwa 750 g)
¼ l Gemüsebrühe
1 Prise Zucker
1 EL Butter
Salz
1 Paket Tiefkühl-Erbsen (300 g)
500 g chinesische Eiernudeln
1 Becher Crème fraîche (200 g)
50 g frisch geriebener mittelalter Goudakäse
1 Handvoll frische Brunnenkresse oder 1 Kästchen Gartenkresse

Kohlrabiblättchen abschneiden, welke Blätter wegwerfen, die zarten beiseite legen. Knollen schälen und in etwa fingerdicke Stifte schneiden. Blumenkohl putzen, in Röschen teilen (die zarten hellgrünen Blätter ebenfalls aufheben) und waschen. Gemüsebrühe mit Zucker und Butter zum Kochen bringen. Kohlrabi und Blumenkohl darin bißfest kochen.

Inzwischen reichlich Wasser mit Salz aufkochen, Erbsen darin nach dem Aufkochen 3 Minuten garen. Eiernudeln zufügen, einmal aufkochen. Topf von der Kochstelle nehmen, Erbsen und Nudeln 4 Minuten ziehen lassen, abgießen und abtropfen lassen.

Zerkleinerte Kohlrabi- und Blumenkohlblättchen sowie Crème fraîche und Goudakäse unter das Kohlrabigemüse mischen. Das Gemüse mit den Erbsen und Nudeln vermischen und mit der gewaschenen, zerkleinerten Brunnenkresse bestreut auf vorgewärmten Tellern anrichten.

Spaghetti mit Grünkern in Pilz-Sahne

100 g Grünkern
¼ l Gemüsebrühe
1 Bund Frühlingszwiebeln
500 g braune Egerlinge oder Champignons
2 Knoblauchzehen
5 Zweige frischer Thymian
1 großes Bund Petersilie
2 EL Sonnenblumenöl
1 Becher Sahne (200 g)
Salz
schwarzer Pfeffer
250 g Buchweizen- oder Weizenkeim-spaghetti
50 g frisch geriebener Parmesankäse

Grünkern mit Brühe zum Kochen bringen und zugedeckt bei schwacher Hitze 30 Minuten kochen. Topf vom Herd ziehen und den Grünkern 1 weitere Stunde zugedeckt quellen lassen. Inzwischen Frühlingszwiebeln putzen, waschen und mit etwa zwei Dritteln ihres Grüns in dünne Ringe schneiden. Pilze putzen, gegebenenfalls waschen, in dünne Scheiben schneiden. Knoblauchzehen schälen und fein hacken. Thymian waschen, Blättchen von den Stielen streifen und trockentupfen. Gewaschene Petersilie fein hacken. 1 EL Öl erhitzen, Zwiebeln, Knoblauch und Thymian darin bei schwacher Hitze unter Rühren anschwitzen. Grünkern hinzufügen und kurz mitschmoren. Sahne daruntermischen, Grünkern mit Salz und Pfeffer würzen und zugedeckt 15 Minuten bei schwacher Hitze garen. Währenddessen die Pilze und etwa die Hälfte der Petersilie im restlichen Öl bei starker Hitze unter häufigem Rühren braten. Spaghetti in reichlich Salzwasser al dente kochen. Abgetropfte Spaghetti, Pilze und Grünkern mischen. Mit der restlichen Petersilie und dem Parmesankäse bestreut sofort servieren.

Beilage: Tomatensalat mit Basilikum.

Sojanudeln mit Bulgur und Gemüse

400 g Wirsing
400 g Möhren
400 g Porree
1 Zwiebel
2 Knoblauchzehen
4 EL Öl
100 g Bulgur
¼ l Gemüsebrühe
3 EL Sojasauce
250 g Sojabandnudeln
1 TL Butter
2 EL Sonnenblumenkerne
Salz
schwarzer Pfeffer
1 EL Schnittlauchröllchen

Wirsing putzen und waschen. Die dicken Blattrippen herausschneiden und in feine Streifen teilen. Blätter grob hacken. Möhren schaben, waschen und in Stifte schneiden. Porree putzen, waschen und mit etwa zwei Drittel der grünen Blätter in Ringe teilen. Zwiebel und Knoblauch schälen und fein hacken. 1 EL Öl erhitzen. Zwiebel und Knoblauch darin glasig braten. Bulgur zugeben, einige Male umrühren, mit der Gemüsebrühe aufgießen, zum Kochen bringen und zugedeckt bei schwacher Hitze 20 Minuten garen. Inzwischen Gemüse im restlichen Öl anbraten, Sojasauce zugeben und 5 Minuten dünsten.
Nudeln in reichlich Salzwasser al dente kochen. Butter erhitzen, Sonnenblumenkerne darin rösten. Abgetropfte Nudeln mit Bulgur, Gemüse und Butter mischen. Mit Salz und Pfeffer abschmecken und mit Sonnenblumenkernen und Schnittlauch bestreut sofort servieren.

Beilage: Tomatensalat mit Frühlingszwiebeln.

Backofengerichte

Nudelauflauf mit Spinat

1 kg frischer Spinat
Salz
250 g Vollkornmakkaroni
50 g Butter
1 Zwiebel
1 Knoblauchzehe
4 Eier
frisch gemahlener weißer Pfeffer
Muskatnuß
½ Becher Sahne (100 g)
100 g frisch geriebener Bergkäse

Spinat gründlich waschen und in reichlich sprudelnd kochendem Wasser etwa 1 Minute blanchieren. Mit einem Schaumlöffel herausnehmen und hacken. Nudeln im Spinatwasser bißfest garen, abtropfen lassen (*siehe* Anmerkung unten) und mit 1 EL Butter mischen. Zwiebel und Knoblauch schälen und hacken. Eier trennen. Eigelb, Spinat, Nudeln, Zwiebel und Knoblauch mischen. Mit Salz, Pfeffer und Muskatnuß würzen. Eiweiß und Sahne getrennt steif schlagen und auf die Masse geben. Käse darüberstreuen. Alles vorsichtig unter die Masse ziehen. Eine Auflaufform mit etwas Butter ausstreichen. Masse einfüllen, glattstreichen und mit der restlichen Butter in Flöckchen belegen. Form in den heißen Backofen schieben und den Auflauf bei 200° C etwa 40 Minuten backen.

Beilage: Tomatensalat mit Balsamessig, Olivenöl und Schnittlauchröllchen.

Anmerkung: Das Wasser, mit dem Spinat und Nudeln gegart werden, enthält gelöste Nährstoffe. Am besten verwenden Sie es zur Zubereitung einer Suppe.

Schneller Nudelgratin

500 g beliebig gegarte Nudeln
1 Paket Tiefkühl-Erbsen (300 g)
1 Paket passierte Tomaten (500 g)
1 Becher Crème fraîche (200 g)
150 g geriebener Emmentaler Käse
1 Päckchen gemischte Tiefkühl-Kräuter
Salz
frisch gemahlener weißer Pfeffer
300 g Mozzarellakäse
1 EL Butter

Nudeln mit gefrorenen Erbsen, passierten Tomaten, Créme fraîche, Käse und Kräutern vermischen. Mit Salz und Pfeffer kräftig würzen. In eine ofenfeste Form geben und mit abgetropftem gewürfelten Mozzarella belegen. Butter in Flöckchen darüber verteilen. Im vorgeheizten Backofen bei 180°C etwa 30 Minuten backen, bis der Mozzarella zerlaufen und der Gratin schön gebräunt ist.

Beilage: Feldsalat mit Pilzen und gehackten Nüssen.

Überbackener Fenchel mit Nudeln

2 Fenchelknollen (500 g)
Salz
250 g kurze Nudeln
50 g Butter
30 g Mehl
⅛ l Milch
2 EL Crème fraîche
150 g frisch geriebener Parmesankäse
frisch gemahlener schwarzer Pfeffer
1 TL getrockneter Thymian
1 Bund Petersilie

Fenchelgrün abschneiden, Fenchelknollen putzen, vierteln und waschen. Keilförmigen Strunk herausschneiden. Fenchel in reichlich kochendem Salzwasser 5 Minuten garen. Mit einem Schaumlöffel herausnehmen und in eine ofenfeste Form geben.
Nudeln im Fenchelwasser bißfest garen, abgießen (¼ l Fenchelwasser auffangen), abtropfen lassen und mit 1 EL Butter vermischt über dem Fenchel verteilen. Restliche Butter zerlassen, Mehl darin goldgelb anrösten. Zuerst aufgefangenes Fenchelwasser, dann Milch unter ständigem Rühren zugeben. Aufkochen und zugedeckt bei schwacher Hitze 5 Minuten köcheln lassen. Crème fraîche, Käse, Pfeffer und Thymian untermischen. Petersilie und Fenchelgrün waschen, trockentupfen und fein hacken. In die Käsesauce mischen. Sauce über dem Fenchel und den Nudeln verteilen. Im vorgeheizten Backofen bei 200°C 20—25 Minuten überbacken, bis die Oberfläche des Gratins schön gebräunt ist.

Lasagne mit Grünkohl und Tofu

Für 6 Personen:

2 kg Grünkohl
1 Zwiebel
1 Knoblauchzehe
500 g Tofu mit Kräutern
weißer Pfeffer
Muskatnuß
1 Becher Sahne (250 g)
100 g frisch geriebener mittelalter Goudakäse
400 g selbstgemachte Nudelplatten für »Grüne Vollkornnudeln« (Rezept S. 49) oder gekaufte grüne Lasagneblätter
20 g Butter

Grünkohlblätter von den Stielen streifen, waschen und portionsweise in sprudelnd kochendem Salzwasser etwa 1 Minute blanchieren. Mit einem Schaumlöffel herausnehmen, abtropfen lassen und mit einem Holzlöffel ausdrücken, damit der Grünkohl möglichst wenig Flüssigkeit enthält. Grünkohl fein hacken. Zwiebel und Knoblauch schälen und klein würfeln. Tofu abtropfen lassen. Etwa drei Viertel davon fein zerdrücken. Tofu-Püree mit Grünkohl, Zwiebel und Knoblauch mischen und mit Salz, Pfeffer und Muskatnuß abschmecken. Restlichen Tofu mit Sahne im Mixer pürieren, mit Parmesan mischen und ebenfalls mit Pfeffer und Muskat sorgfältig abschmecken.
Bereits getrocknete Nudelplatten in reichlich Salzwasser vorkochen; frische, also noch weiche Platten roh verwenden (bei gekauften Lasagneblättern bitte nach Packungsaufschrift vorgehen). Eine ofenfeste Form lagenweise mit Nudelblättern und Grünkohlmischung füllen. Die letzte Schicht soll aus Nudeln bestehen. Mit der Tofusahne übergießen und im heißen Backofen bei 220° C etwa 45 Minuten backen, bis die Oberfläche schön gebräunt ist.

Beilage: Endiviensalat mit Orangenfilets und Walnußkernen.

Lasagne mit zwei Gemüsefüllungen

(Abb. Seite 81)

500 g Blumenkohlröschen
Salz
1 Prise Zucker
2 gestrichene TL Gelbwurz (Kurkuma)
frisch gemahlener weißer Pfeffer
Muskatnuß
2 EL Sahne
150 g frisch geriebener mittelalter Goudakäse
2 EL Zitronensaft
1 Zwiebel
1 EL Öl
2 Pakete Tiefkühl-Broccoli (600 g)
2 Becher Crème fraîche (400 g)
4 Eier
400 g frische Teigplatten für »Nudeln mit Weizenmehl und Eiern« (Rezept S. 41)
1 EL Butter

Blumenkohl in Wasser mit Salz und Zucker bißfest garen und abgießen. Die Hälfte des Blumenkohls pürieren, mit Gelbwurz, Pfeffer, Muskat, Sahne und etwa 100 g Käse verrühren. Restlichen Blumenkohl grob zerkleinern und mit dem Zitronensaft unter das Püree mischen. Geschälte, gehackte Zwiebel im Öl glasig braten. Broccoli und etwas Salzwasser zugeben. Broccoli bißfest garen und abtropfen lassen. Crème fraîche mit Eiern verquirlen. Eine ofenfeste Form mit niedrigem Rand mit etwas Crème fraîche ausgießen. Schichtweise Teigplatten, Broccoli und Blumenkohl einfüllen. Jede Schicht mit etwas Sauce begießen. Zum Schluß die restlichen Teigplatten auf die Lasagne legen. Den Rest des Käses und die in Flöckchen geteilte Butter darüber verteilen. Form in den heißen Backofen schieben. Lasagne bei 225°C etwa 45 Minuten backen, bis sie oben leicht gebräunt ist.

Überbackene Tomaten mit Nudelfüllung

150 g Gabelspaghetti
Salz
1 TL Öl
8 gleichgroße Fleischtomaten (etwa 1 kg)
1 große Zwiebel
3 Knoblauchzehen
1 Bund Petersilie
2 Zweige frischer Rosmarin
½ EL Butter
200 g frisch geriebener Greyerzer oder Emmentaler Käse
1 Ei
frisch gemahlener schwarzer Pfeffer
1 Prise Zucker
150 g Mozzarellakäse

Nudeln in reichlich Salzwasser bißfest garen, abtropfen lassen und mit dem Öl vermischen. Tomaten waschen und abtrocknen. Jeweils einen Deckel abschneiden und die Stielansätze heraustrennen. Tomaten aushöhlen. Kerne entfernen. Ausgehöhltes Fruchtfleisch sowie die Deckel klein würfeln und in einem Sieb abtropfen lassen. Zwiebel und Knoblauch schälen und fein hacken. Petersilie und Rosmarin waschen und trockentupfen. Rosmarinnadeln abstreifen. Petersilie fein zerkleinern. Zwiebel und Knoblauch in der heißen Butter glasig braten. Rosmarin zugeben und kurz mitbraten. Die Hälfte des gewürfelten Tomatenfleischs zufügen und so lange schmoren, bis die Flüssigkeit vollkommen verdampft ist. Masse mit Salz und Pfeffer würzen und etwas abkühlen lassen. Mit Nudeln, Petersilie, Käse und Ei mischen. Tomaten innen leicht salzen und mit der Mischung füllen. Restliches Tomatenfleisch mit Salz, Pfeffer und Zucker würzen und in eine feuerfeste Form geben.
Gefüllte Tomaten in die Form setzen. Mozzarella abtropfen lassen, in dünne Scheiben schneiden und auf den Tomaten verteilen. Tomaten im vorgeheizten Ofen

bei 220° C etwa 20 Minuten überbacken, bis der Mozzarella leicht gebräunt ist.

Makkaroniauflauf mit Gemüse und Quark

1 Paket Tiefkühl-Suppengemüse
Salz
150 g Vollkornmakkaroni
1 Bund Petersilie
3 Eier
250 g Magerquark
1 Becher Crème fraîche (250 g)
200 g frisch geriebener Emmentaler Käse
frisch gemahlener weißer Pfeffer
40 g Butter

Suppengemüse in wenig Salzwasser bißfest garen und abtropfen lassen. In Stücke gebrochene Makkaroni al dente garen. Abgetropft mit dem Gemüse mischen. Petersilie waschen, trockenschwenken und fein hacken. Eier trennen. Eigelb mit Quark, Crème fraîche, Petersilie und Käse verrühren, mit den Gemüsenudeln mischen und mit Salz, Pfeffer und Muskat kräftig abschmecken. Eiweiß steif schlagen und unterziehen. Eine ofenfeste Form mit etwas Butter ausstreichen, Nudelmasse einfüllen und mit der restlichen Butter in Flöckchen belegen. Nudelauflauf im vorgeheizten Backofen bei 220° C etwa 30 Minuten backen, bis er leicht gebräunt ist.

Beilage: Grüner Salat oder Feldsalat mit Kräutervinaigrette.

Geschichtete Nudeln mit Gemüse

600 g Auberginen
5 EL Olivenöl
400 g Gabelspaghetti oder Spiralennudeln
Salz
750 g Tomaten
2 Zwiebeln
2 Knoblauchzehen
2 Zweige frischer Rosmarin
3 frische Salbeiblättchen
200 g frisch geriebener, mittelalter Goudakäse
frisch gemahlener schwarzer Pfeffer
½ Becher Crème fraîche (100 g)
⅛ l Milch
2 Eier
Cayennepfeffer
Muskatnuß
1 EL Butter

Auberginen waschen, abtrocknen, von Stiel- und Blütenansätzen befreien und längs in etwa ½ cm dicke Scheiben schneiden. Scheiben portionsweise im heißen Öl bei schwacher bis mittlerer Hitze auf beiden Seiten hellbraun braten. Jeweils herausnehmen und auf Küchenpapier abtropfen lassen. Nudeln in reichlich Salzwasser bißfest garen. Tomaten häuten und würfeln, dabei die Stielansätze entfernen. Zwiebeln und Knoblauch schälen und hacken. Rosmarinnadeln abstreifen, Salbeiblättchen in Streifen schneiden. Zwiebeln, Knoblauch und Kräuter mit etwa zwei Drittel des Goudakäses mischen. Auberginen, abgetropfte Nudeln und Tomaten schichtweise in eine ofenfeste Form geben. Jede Schicht dabei mit der Käsemischung, mit Salz und Pfeffer bestreuen. Crème fraîche mit Milch, Eiern, Cayennepfeffer und Muskatnuß verquirlen und darübergießen. Restlichen Käse und Butterflöckchen darüber verteilen. Auflauf im vorgeheizten Backofen bei 200° C etwa 25 Minuten backen, bis er oben schön gebräunt ist.

Beilage: Rohkostsalat mit Möhren, Kohlrabi, Radieschen, Gurken und Tomaten in Joghurt-Kräutervinaigrette.

Nudelgratin mit Rosenkohl

Für 2—3 Personen:

1 Paket Tiefkühl-Rosenkohl (300 g)
Salz
125 g Hörnchennudeln
½ Becher Sahne (100 g)
1 Ei
150 g frisch geriebener Emmentaler Käse
frisch gemahlener weißer Pfeffer
1 TL getrockneter Rosmarin
1 EL Butter

Rosenkohl in wenig, Nudeln in reichlich Salzwasser bißfest garen. Abgetropft in eine ofenfeste Form mit niedrigem Rand geben. Sahne mit Ei, etwa der Hälfte des Käses, Pfeffer und Rosmarin verquirlen und über die Rosenkohl-Nudelmischung geben. Restlichen Käse und die Butter in Flöckchen darüber verteilen. Gratin im vorgeheizten Backofen bei 200° C etwa 25 Minuten backen.

Beilage: Grüner Salat mit Tomaten und Radieschen.

Tortellini-Gratin mit Gemüse

500 g Broccoli
500 g Kohlrabi
Salz
250 g selbst gemachte Tortellini mit Käse-Kräuterfüllung (Rezept S. 127) oder fertig gekauft
40 g Butter
20 g Mehl
¼ l Milch
200 g geriebener Emmentaler Käse
frisch gemahlener weißer Pfeffer
Muskatnuß
1 Bund Petersilie
1 Eigelb
30 g geriebener Pecorinokäse
1 EL Butter

Broccoli waschen, putzen und in Röschen teilen. Stiele schälen. Kohlrabi schälen und in Stifte schneiden. Broccolistiele und Kohlrabi in reichlich Salzwasser 2 Minuten sprudelnd kochen. Broccoliröschen zugeben und 1 Minute mitkochen. Alle Gemüse mit einem Schaumlöffel herausnehmen und abtropfen lassen.
Tortellini im Kochwasser al dente garen, abtropfen lassen und mit dem Gemüse mischen. Butter erhitzen, Mehl darin unter Rühren anschwitzen. Milch dazugießen und kräftig rühren, damit sich keine Klümpchen bilden. Emmentaler unter Rühren in der Sauce auflösen. Mit Salz, Pfeffer und Muskat abschmecken. Gewaschene Petersilie fein zerkleinern und untermischen. Eigelb mit etwas Sauce verquirlen und einrühren. Tortellini-Gemüsemischung in einer ofenfesten Form verteilen, mit der Sauce begießen und mit Pecorino bestreuen. Restliche Butter in kleine Stücke teilen und darübergeben. Form in den Backofen schieben und den Gratin bei 200°C 30 Minuten backen.

Beilage: Grüner Salat mit Joghurt-Kräuter-Dressing.

Gratinierte Spätzle und rote Beten

1 kg rote Beten
1 Zwiebel
1 EL Sonnenblumenöl
1 Becher Sahne (250 g)
Salz
Cayennepfeffer
je 1 TL gemahlener Kreuzkümmel (Kumin) und Koriander
1 TL getrockneter Majoran
Teig »Weiße Spätzle« (Rezept S. 52)
150 g geriebener Emmentaler Käse
1 EL Butter

Rote Beten putzen, schälen, waschen und raspeln. Geschälte Zwiebel hacken, im heißen Öl glasig braten. Rote Beten und Sahne zugeben, einmal aufkochen und zugedeckt bei schwacher Hitze etwa 3 Minuten garen. Mit Salz, Pfeffer, Kreuzkümmel, Koriander und Majoran würzen.
Spätzle portionsweise in reichlich kochendem Salzwasser garen, bis sie an die Oberfläche steigen, mit einem Schaumlöffel herausnehmen, abtropfen lassen und jeweils mit den roten Beten mischen. Wenn alle Spätzle gegart sind, die Mischung in einer ofenfesten Form verteilen. Käse darüberstreuen. Gratin mit Butterflöckchen belegen. Gratin bei 180° C etwa 40 Minuten backen, bis er schön gebräunt ist.

Beilage: Gemischter Salat in Schnittlauchsahne oder Möhrenrohkost mit Nüssen und Kräutervinaigrette.

Nudelauflauf mit Sprossen und Pilzen

50 g Mungobohnen
2 Chinapilze (Shiitake)
70 ccm Wasser
200 g Champignons
1 Zwiebel
1 Knoblauchzehe
1 TL Öl
1 Becher Crème fraîche (200 g)
250 g feine Vollkorn-Suppennudeln
Salz
1 Päckchen gemischte TK-Kräuter
4 Eier
150 g Mozzarellakäse
75 g geriebener Bergkäse
2 EL Joghurt
frisch gemahlener weißer Pfeffer
Muskatnuß
1 EL Butter

Die Mungobohnen 3 Tage keimen lassen (*siehe* Seite 38, Stichwort »Sprossen«). Chinapilze im Wasser etwa 5 Stunden einweichen, herausnehmen und in Streifen schneiden. Einweichwasser durch eine Kaffeefiltertüte gießen. Sprossen kalt abspülen und in reichlich sprudelnd kochendem Wasser blanchieren, bis sie sich zartgrün färben. Champignons putzen, gegebenenfalls waschen, blättrig schneiden. Zwiebel und Knoblauchzehe schälen und fein hacken. Öl erhitzen, Zwiebel, Knoblauch und Shiitake-Pilze darin anbraten. Nach und nach Einweichwasser und etwa die Hälfte der Crème fraîche zugeben und jeweils dickflüssig einkochen lassen. Champignons untermischen. Pfanne von der Kochstelle nehmen.

Nudeln in reichlich Salzwasser bißfest kochen, abgießen, abtropfen lassen. Mit den Pilzen und den Sprossen mischen. Kräuter, Eier, gewürfelten Mozzarella und etwa zwei Drittel des Bergkäses, restliche Crème fraîche, Joghurt, Salz, Pfeffer und Muskatnuß mischen. Masse in eine ofenfeste Form füllen und mit dem restlichen Käse und Butterflöckchen belegen. Auflauf bei 180°C etwa 40 Minuten backen, bis er oben schön gebräunt ist.

Beilage: Gurkensalat in Dillsahne oder Tomatensalat mit Frühlingszwiebeln.

Nudelrolle mit Getreide und Gemüse

Für 6—8 Personen:

Teig von »Weizenvollkornnudeln ohne Eier« (Rezept S. 43)
3 EL Öl
1 Eigelb
1 Zwiebel
1 Knoblauchzehe
75 g Butter
200 g Bulgur
400 ccm Gemüsebrühe
1 Bund Petersilie
1 TL getrockneter Majoran
1 Becher Sahne (200 g)
250 g frisch geriebener Greyerzer Käse
500 g Zucchini
300 g Tomaten
2 EL Olivenöl
1 Zitrone
Salz
frisch gemahlener schwarzer Pfeffer
250 g geriebener Emmentaler Käse
200 ccm Milch
2 Eier
Muskatnuß

Teig mit den im Rezept genannten Zutaten sowie dem zusätzlichen Öl und dem Eigelb zubereiten, in geöltes Pergamentpapier wickeln und bei Zimmertemperatur ruhen lassen, bis die anderen Zutaten vorbereitet sind. Für die Füllung Zwiebel und Knoblauch schälen, hacken und in 1 EL heißer Butter glasig braten. Bulgur zugeben und anbraten. Gemüsebrühe zugießen, einmal aufkochen und Bulgur bei schwacher Hitze 10 Minuten köcheln lassen. Etwas abgekühlt mit gewaschener, gehackter Petersilie, Majoran, Sahne und 2 EL Käse mischen.

Zucchini waschen, von den Stiel- und Blütenansätzen befreien und raspeln. Tomaten häuten und würfeln, dabei die Stielansätze entfernen. Gemüse, Öl und Zitronensaft mit dem Bulgur mischen, mit Salz und Pfeffer kräftig abschmecken.
Teig auf zwei bemehlten Küchentüchern dünn ausrollen. Mit der restlichen, zerlassenen Butter bestreichen und mit dem Rest des Käses bestreuen. Die Gemüse-Bulgurmischung darauf verteilen, dabei am Rand rundherum etwa 2 cm frei lassen, damit die Füllung beim Aufrollen des Teiges nicht herausquillt. Teig mit Hilfe der Tücher aufrollen und ringförmig in eine ofenfeste Form mit niedrigem Rand legen. Milch mit Salz, Pfeffer und Muskat verquirlen und um die Rolle gießen. Form in den heißen Backofen stellen. Rolle bei 180° C etwa 50 Minuten backen, dabei immer wieder mit der Flüssigkeit bestreichen, die sich in der Form sammelt.

Beilagen: Tomatensalat mit Schnittlauch und Grüner Salat mit Sonnenblumenkernen und saurer Sahne.

Überbackene Fleckerl

400 g frische Teigplatten von »Grüne Vollkornnudeln« (Rezept S. 49)
1 kleine Möhre
1 Bund Petersilie
50 g Butter
25 g Weizenvollkornmehl
¼ l Milch
2 EL geriebener Emmentaler Käse
Salz
frisch gemahlener weißer Pfeffer
Muskatnuß
1 Aubergine
2 Zucchini
je 1 rote und grüne Paprikaschote
300 g Tomaten
1 Gemüsezwiebel
1 Knoblauchzehe
4 Zweige frischer Thymian
1 EL Olivenöl
2 EL Instant-Gemüsebrühe
300 g Mozzarellakäse
2 EL Schnittlauchröllchen

Teigplatten in Quadrate (»Fleckerl«) von 2 cm Kantenlänge schneiden und in reichlich sprudelnd kochendem Salzwasser 1—2 Minuten garen, abgießen und abtropfen lassen. Mit der Hälfte der Butter mischen. Möhre schälen, fein raffeln. Petersilie waschen, trockenschwenken und fein zerkleinern. Beide Zutaten in der restlichen zerlassenen Butter anbraten. Mehl darüberstäuben und goldbraun anrösten. Unter ständigem Rühren nach und nach die Milch zugießen. Einmal aufkochen und zugedeckt bei schwacher Hitze 5 Minuten köcheln lassen. Käse unter Rühren in der Sauce auflösen, mit Salz, Pfeffer und Muskat abschmecken. Fleckerl damit mischen.
Auberginen und Zucchini von Stiel- und Blütenansätzen befreien und würfeln. Paprikaschoten putzen, waschen und in Streifen teilen. Dabei Kerne und weiße Trennwände entfernen. Tomaten häuten und achteln, dabei Stielansätze entfernen. Gemüsezwiebel schälen und in Ringe schneiden. Geschälte Knoblauchzehe hacken.

Thymian waschen, trockentupfen, Blättchen abzupfen. Öl erhitzen. Zwiebel, Knoblauch und Thymian darin anschwitzen. Alle Gemüse und Gemüsebrühe zugeben. Unter Rühren bei mittlerer Hitze etwa 5 Minuten schmoren. Schichtweise mit den Fleckerln in eine ofenfeste Form geben. Mozzarella würfeln und darüber verteilen. Form in den heißen Backofen stellen. Fleckerl bei 200° C etwa 40 Minuten backen, bis sie an der Oberfläche schön gebräunt sind. Mit dem Schnittlauch bestreuen.

Hirselasagne mit Sprossen und Spinat

20 g Alfalfasamen
1,5 kg Wurzelspinat
Salz
1 Zwiebel
1 Knoblauchzehe
1 Bund Petersilie
frisch gemahlener schwarzer Pfeffer
1 EL Zitronensaft
2 EL Crème fraîche
30 g Butter
30 g Weizenvollkornmehl
⅛ l Gemüsebrühe
¼ l Milch
3 EL Sahne
150 g frisch geriebener Parmesankäse
Muskatnuß
300 g Mozzarella
400 g frische Teigplatten für »Hirsenudeln« (Rezept S. 47) oder 250 g fertig gekaufte weiße Lasagneblätter
1 EL Butter

Alfalfasamen 5 Tage keimen lassen (*siehe* Seite 38, Stichwort »Sprossen«). Spinat putzen, mehrmals gründlich waschen und in reichlich sprudelnd kochendem Salzwasser etwa 1 Minute blanchieren. Abgießen, kalt

abschrecken und mit den Händen gut ausdrücken. Spinat, geschälte Zwiebel und Knoblauchzehe sowie gewaschene Petersilie hacken. Mit Pfeffer und Zitronensaft würzen. Sprossen kalt abspülen und abtropfen lassen.
Für die Sauce Butter zerlassen. Mehl darin unter Rühren hell anrösten. Zuerst Gemüsebrühe, dann Milch unter ständigem Rühren zugießen, bis die Masse glatt ist. Einmal aufkochen und zugedeckt bei schwacher Hitze 5 Minuten köcheln lassen. Vom Herd ziehen, Sahne und etwa die Hälfte des Parmesankäses untermischen. Mit Salz, Pfeffer aus der Mühle und Muskatnuß abschmekken. Mozzarella abtropfen lassen und würfeln.
Frische Teigplatten zu Stücken von etwa 10×15 cm schneiden. (Gekaufte Lasagneblätter nach Packungsaufschrift gegebenenfalls vorkochen.) Eine flache, ofenfeste Form mit etwas Sauce ausgießen. Lagenweise Teigplatten, Spinat, Sprossen und einige Mozzarellawürfel einfüllen. Dazwischen immer etwas Sauce geben. Als oberste Schicht Teigplatten auflegen. Mit dem restlichen Mozzarella und Parmesan belegen. Butterflöckchen darüber verteilen. Form in den vorgeheizten Backofen auf die zweite Schiene von unten stellen. Lasagne bei 225°C etwa 45 Minuten backen, bis sie an der Oberfläche schön gebräunt ist.

Beilage: Grünen Salat mit geraffeltem Rettich, Tomatenwürfeln, Nüssen und Kräutern in Vinaigrette.

Grüne Cannelloni mit Quark und Tomaten

Für 6 Personen:

1 Paket passierte Tomaten (500 g)
1 Zwiebel
1 Knoblauchzehe
1 kleine Pfefferschote
je 1 Bund Basilikum und Petersilie
250 g Magerquark
250 g Doppelrahmfrischkäse
Salz
400 g frische Teigplatten für »Grüne Vollkornnudeln« (Rezept S. 49)
¼ l Sahne
Muskatnuß
100 g geriebener Parmesankäse
1 EL Butter

Für die Füllung Tomaten, geschälte Zwiebel und Knoblauchzehe, geputzte, von allen Kernen befreite Pfefferschote, gewaschene Kräuter, Quark und Frischkäse im Blitzhacker zu einer glatten Masse verarbeiten und mit Salz abschmecken.
Teigplatten in Stücke von etwa 10 × 15 cm schneiden, jeweils mit der Füllung bestreichen, aufrollen und nebeneinander in eine ofenfeste Form mit niedrigem Rand legen. Sahne mit Salz, Muskat und Parmesan verrühren und darübergießen. Mit der in Flöckchen geteilten Butter belegen. Form in den vorgeheizten Backofen stellen. Cannelloni bei 220° C etwa 45 Minuten backen, bis die Oberfläche schön gebräunt ist.

Beilage: Gemischter Salat mit Sonnenblumenkernen und Kräutern.

Nudelsoufflé mit Erbsen

100 g feine Vollkorn-suppennudeln
Salz
100 g Butter
60 g Weizenvollkornmehl
¼ l Milch
½ Becher Sahne (125 g)
1 Paket Tiefkühl-Erbsen (300 g)
2 Päckchen gemischte Tiefkühl-Kräuter
Cayennepfeffer
1 kräftige Prise gemahlener Koriander
4 Eier
200 g geriebener Greyerzerkäse
Butter für die Form

Nudeln in reichlich Salzwasser bißfest garen. Währenddessen die Hälfte der Butter zerlassen, Mehl unter Rühren darin anschwitzen. Milch langsam zugießen und rühren, bis eine sämige Sauce entstanden ist. Bei schwacher Hitze zugedeckt 5 Minuten köcheln lassen. Restliche Butter in Flöckchen teilen und nach und nach unterschlagen. Abgetropfte Nudeln, Sahne, aufgetaute Erbsen und Kräuter untermischen. Mit Salz, Cayennepfeffer und Koriander würzen. Eier trennen. Eigelb unterrühren. Alle Eiweiß steif schlagen, auf die Masse geben, Käse bis auf 1 EL darüberstreuen und alles mit einem Schneebesen vorsichtig mischen. Ofenfeste Form mit hohem Rand fetten und mit dem restlichen Käse ausstreuen. Soufflémasse einfüllen. Soufflé im vorgeheizten Backofen auf der unteren Schiene bei ca. 200° C etwa 35 Minuten backen.

Beilage: Grüner Salat mit Radieschen und Salatgurke.

Nudelquiche mit Porree und Sprossen

10 g Rettichsamen
10 g Alfalfasamen
10 g Senfsamen
250 g Weizenmehl (Type 1050)
125 g Butter
1 Eigelb
1 EL eiskaltes Wasser
Salz
250 g dünne Porreestangen
1 EL Öl
150 g feine Vollkornsuppennudeln
1 Bund Petersilie
1 TL getrockneter Oregano
3 Eier
½ Becher Crème fraîche (100 g)
⅛ l Milch
100 g frisch geriebener Emmentaler Käse
Muskatnuß
Cayennepfeffer
Fett für die Form

Samen getrennt 5 Tage keimen lassen (*siehe* Seite 38, Stichwort »Sprossen«). Mehl mit weicher Butter, Eigelb, Wasser und Salz zu einem glatten Teig verkneten. In Folie gewickelt etwa 1 Stunde kühl stellen. Inzwischen für den Belag Porree putzen, waschen und mit zwei Drittel der grünen Blätter in feine Ringe schneiden. Öl erhitzen. Porree und abgespülte Sprossen unter Rühren darin etwa 5 Minuten braten.
Parallel dazu die Nudeln in reichlich Salzwasser bißfest garen. Abgetropft mit dem Porree mischen und etwas abkühlen lassen. Petersilie waschen, trockentupfen und zerkleinern. Mit Oregano, Eiern, Crème fraîche, Milch und Käse unter die Nudelmischung rühren. Mit Salz, Muskat und Cayennepfeffer kräftig abschmecken. Eine gefettete Springform von 26 cm Durchmesser mit dem Teig auskleiden, dabei einen etwa 2 cm hohen Rand formen. Teigboden mehrmals mit einer Gabel einste-

chen und im vorgeheizten Backofen bei 225°C 15 Minuten vorbacken. Belag darauf verteilen. Quiche bei 200°C etwa 30 Minuten backen, bis die Oberfläche leicht gebräunt ist. Heiß servieren.

Beilage: Grüner Salat mit Knoblauch-Kräuter-Dressing und Möhrenrohkost mit saurer Sahne und Zitronensaft.

Roggenlasagne mit Tofu und Gemüse

1 kleine Zwiebel
50 g Butter
50 g Roggenvollkornmehl
¼ l Gemüsebrühe
¼ l Milch
½ Becher Sahne (125 g)
250 g frisch geriebener mittelalter Goudakäse
Salz
frisch gemahlener weißer Pfeffer
Muskatnuß
1 Bund Petersilie
250 g Tofu
2 EL Öl
2 EL Zitronensaft
400 g frische Teigplatten für »Roggenvollkornnudeln« (Rezept S. 44)
250 g gemischte, gegarte Gemüsereste (z. B. Blumenkohl, Möhren, Erbsen)
50 g gehackte Walnußkerne
1 EL Butter

Zwiebel schälen und hacken, in der heißen Butter glasig braten. Mehl darüberstäuben und kurz anrösten. Brühe und Milch langsam zugießen und so lange rühren, bis eine sämige Sauce entstanden ist. Einmal aufkochen und zugedeckt bei schwacher Hitze 5 Minuten köcheln lassen. Sahne und etwa 200 g Käse untermischen. Käse unter Rühren in der Sauce auflösen. Mit Salz, Pfeffer und Muskat abschmecken. Gewaschene, gehackte Petersilie untermischen. Abgetropften Tofu in Scheiben schneiden. Im heißen Öl auf beiden Seiten etwa 5 Minuten braten. Mit Zitronensaft beträufeln. Eine ofenfeste Form mit niedrigem Rand mit etwas Sauce ausgießen. Schichtweise Teigplatten, Tofu, Gemüse und Walnüsse einfüllen. Jede Schicht mit etwas Sauce begießen. Zum Schluß die restlichen Teigplatten auf die Lasagne legen. Den Rest des Käses und die in Flöckchen geteilte Butter darüber verteilen. Form in den heißen Backofen schieben. Lasagne bei 225°C etwa 45 Minuten backen, bis sie oben leicht gebräunt ist.

Beilage: Rohkostsalat mit Kohlrabi, Rettich und gehackten Spinatblättern in Schnittlauchsahne.

Anmerkung: Selbstgemachte, bereits getrocknete Teigplatten müssen etwa 5 Minuten in sprudelnd kochendem Salzwasser vorgegart werden. Bei gekauften Teigplatten richten Sie sich bitte nach Packungsaufschrift.

Cannelloni mit Linsenpüree

Für 6 Personen:

250 g Linsen
½ l Gemüsebrühe
1 Bund Suppengrün
1 Zwiebel
1 Knoblauchzehe
1 kleine Pfefferschote
1 kleine Dose geschälte Tomaten (Einwaage 240 g)
je 1 Bund Bohnenkraut und Petersilie
Salz
400 g frische Teigplatten für »Nudeln mit Weizenmehl und Eiern« (Rezept S. 41) oder 250 g fertig gekaufte Cannelloni
¼ l Milch
¼ l Sahne
Muskatnuß
200 g frisch geriebener Pecorinokäse
150 g Mozzarellakäse
1 EL Butter

Für die Füllung Linsen mit Gemüsebrühe aufkochen und zugedeckt bei schwacher Hitze 30 Minuten garen. Suppengrün putzen und waschen, Zwiebel und Knoblauchzehe schälen, Pfefferschote von allen Kernen befreien. Alle diese Zutaten grob zerkleinern und mit den Tomaten (einschließlich Flüssigkeit) zu den Linsen geben. Erneut aufkochen und zugedeckt weitere 30—40 Minuten garen, bis die Linsen sehr weich sind. Alles mit dem Schneidestab des Handrührgerätes pürieren und bei starker Hitze unter ständigem Rühren zu einem dicken Püree einkochen lassen. Bohnenkraut und Petersilie waschen und ganz fein hacken. Unter das Püree mischen. Mit Salz abschmecken.

Frische Teigplatten in Stücke von etwa 10 × 15 cm schneiden, jeweils mit der Füllung bestreichen, aufrollen und nebeneinander in eine ofenfeste Form mit niedrigem Rand legen. Fertig gekaufte Cannelloni nach Packungsaufschrift vorbereiten und Linsenpüree mit einem Teelöffel einfüllen. Milch und Sahne mit Salz, Muskat und etwa der Hälfte des Pecorinos verrühren und darübergießen. Mozzarella in Scheiben schneiden, auf die Cannelloni legen. Den restlichen Pecorino darüberstreuen. Mit der in Flöckchen geteilten Butter belegen. Form in den vorgeheizten Backofen stellen. Cannelloni bei 220° C etwa 45 Minuten backen, bis die Oberfläche schön gebräunt ist.

Cannelloni mit Kräuterfüllung und Tomatensauce

Für 6 Personen:

1 Paket Tiefkühl-Spinat (150 g)
2 Zwiebeln
3 Knoblauchzehen
2 Bund Basilikum
100 g Pinienkerne
200 g Parmesankäse
6 EL Olivenöl
Salz
400 g frische Teigplatten für »Gerstennudeln« (Rezept S. 46) oder 250 g fertig gekaufte Cannelloni
1 große Dose geschälte Tomaten (Einwaage 425 g)
1 Becher Crème fraîche (200 g)
1 Prise Zucker
frisch gemahlener schwarzer Pfeffer
150 g Mozzarellakäse
1 EL Butter

Für die Füllung Spinat auftauen lassen. Zwiebeln und Knoblauchzehen schälen. 1 Zwiebel und die Knoblauchzehen ganz fein hacken. Gewaschenes Basilikum, Spinat, Pinienkerne, zerbröckelten Parmesankäse und 4 EL Olivenöl im Blitzhacker zu einer glatten Masse verarbeiten und mit Salz abschmecken.

Teigplatten in Stücke von etwa 10 × 15 cm schneiden, jeweils mit der Füllung bestreichen, aufrollen und nebeneinander in eine ofenfeste Form mit niedrigem Rand legen. Gekaufte Cannelloni nach Packungsaufschrift vorbereiten und mit einem Teelöffel füllen. Die zweite Zwiebel hacken und im restlichen Öl glasig braten. Tomaten (mit Flüssigkeit) und Crème fraîche zugeben und bei starker Hitze unter ständigem Rühren dickflüssig einkochen lassen. Mit Salz, Zucker und Pfeffer abschmekken und über die Cannelloni gießen. Mit gewürfeltem Mozzarella und der in Flöckchen geteilten Butter belegen. Form in den vorgeheizten Backofen stellen. Cannelloni bei 220° C etwa 45 Minuten backen, bis die Oberfläche schön gebräunt ist.

Nudelrolle mit Sauerkraut

Für 6—8 Personen:

Teig von »Weizenvollkornnudeln ohne Eier«
(Rezept S. 43)
3 EL Öl
1 Eigelb
2 Zwiebeln
1 kleine Stange Porree (etwa 75 g)
75 g Butter
1 EL getrockneter Thymian
1 TL Kümmelkörner
500 g Sauerkraut
300 g mehlig kochende Kartoffeln
3 EL Instant-Gemüsebrühe
1 Becher saure Sahne (200 g)
1 EL edelsüßes Paprikapulver
frisch gemahlener schwarzer Pfeffer
1 Bund Petersilie
2 EL frisch geriebenes Vollkornbrot
200 ccm Milch
1 Ei
50 g frisch geriebener junger Goudakäse

Teig mit den im Rezept genannten Zutaten sowie dem zusätzlichen Öl und dem Eigelb zubereiten, in geöltes Pergamentpapier wickeln und bei Zimmertemperatur ruhen lassen, bis die anderen Zutaten vorbereitet sind.
Für die Füllung Zwiebel schälen und hacken. Porree putzen, waschen und mit etwa zwei Drittel der grünen Blätter ganz fein zerkleinern. Zwiebel, Porree, Thymian und Kümmel in 1 EL heißer Butter anbraten. Sauerkraut zugedeckt einige Minuten mitschmoren. Geschälte, gewaschene Kartoffeln raspeln und untermischen. Gemüsebrühe zugeben, einmal aufkochen und alles zugedeckt bei schwacher Hitze 15 Minuten köcheln lassen.

Etwas abgekühlt mit saurer Sahne, Salz, Paprikapulver, Pfeffer und gewaschener, gehackter Petersilie mischen. Teig auf zwei bemehlten Küchentüchern dünn ausrollen. Mit der restlichen, zerlassenen Butter bestreichen und mit dem Vollkornbrot bestreuen. Die Sauerkrautmischung darauf verteilen, dabei am Rand rundherum etwa 2 cm frei lassen, damit die Füllung beim Aufrollen des Teiges nicht herausquillt. Teig mit Hilfe der Tücher aufrollen und ringförmig in eine ofenfeste Form mit niedrigem Rand legen. Milch mit Salz, Pfeffer, Ei und Käse verquirlen und über die Rolle gießen. Form in den heißen Backofen stellen. Rolle bei 180° C etwa 50 Minuten backen, dabei immer wieder mit der Flüssigkeit bestreichen, die sich in der Form sammelt.

Lasagne mit Zwiebeln und Kräutersauce

Für 6 Personen:

1 kg Zwiebeln
2 Knoblauchzehen
1 Pfefferschote
250 g Zucchini
50 g Butter
250 g Tofu
1 Becher Sahne (250 g)
¼ l Milch
50 g gemischte frische Kräuter (z. B. Petersilie, Dill, Thymian, Schnittlauch, Kerbel und Löwenzahn)
Salz
frisch gemahlener weißer Pfeffer
Muskatnuß
400 g selbstgemachte Nudelplatten für »Buchweizennudeln« (Rezept S. 48) oder gekaufte Vollkorn-Lasagneblätter
100 g frisch geriebener, junger Goudakäse
50 g frisch geriebener Parmesankäse
1 EL Butter

Zwiebeln schälen, halbieren und in feine Streifen schneiden. Geschälten Knoblauch und geputzte, von allen Kernen befreite Pfefferschote hacken. Zucchini waschen, von Stiel- und Blütenansätzen befreien und raspeln. Butter erhitzen. Zwiebeln darin bei schwacher bis mittlerer Hitze unter häufigem Rühren in etwa 20 Minuten glasig und weich braten. Knoblauch, Pfefferschote und Zucchini zugeben und 5 Minuten mitgaren. Tofu abtropfen lassen. Mit Sahne und Milch im Mixer pürieren. Kräuter waschen, trockenschwenken, fein zerkleinern und daruntermischen. Mit Salz, Pfeffer und Muskatnuß abschmecken.
Bereits getrocknete Nudelplatten in reichlich Salzwasser vorkochen; frische, also noch weiche Platten roh verwenden (bei gekauften Lasagneblättern bitte nach Pakkungsaufschrift vorgehen). Eine ofenfeste Form mit etwas Kräutersahne ausgießen, lagenweise mit Nudelblättern, Zwiebelmischung und Kräutersauce füllen. Die letzte Schicht soll aus Nudeln bestehen. Die beiden Käsesorten gemischt darüberstreuen. Mit der in Flöckchen geteilten Butter belegen und im heißen Backofen bei 220°C etwa 45 Minuten backen, bis die Oberfläche schön gebräunt ist.

Beilage: Grüner Salat mit Pilzen, Radieschen und Nüssen.

Nudelpie mit Gemüse und Tofu

1 Paket Tiefkühl-Blätterteig (300 g)
500 g Tomaten
500 g grüne Paprikaschoten
1 Zwiebel
250 g Tofu
2 EL Öl
150 g feine Vollkornsuppennudeln
1 Bund frischer Majoran
1 Bund Petersilie
75 g schwarze Oliven
1 TL getrockneter Oregano
2 Eier
1 Becher saure Sahne
100 g frisch geriebener mittelalter Goudakäse
Cayennepfeffer
1 Eigelb
2 EL Sahne

Blätterteigplatten aus der Verpackung nehmen und auftauen lassen. Inzwischen Tomaten häuten und würfeln, dabei die Stielansätze entfernen. Paprikaschoten putzen, waschen und in Streifen schneiden. Geschälte Zwiebel hacken, abgetropften Tofu würfeln. Öl erhitzen. Zwiebel darin glasig braten. Tomaten zugeben und bei starker Hitze unter Rühren schmoren, bis die Flüssigkeit zum größten Teil verdampft ist. Paprikaschoten und Tofu zugeben und weitere 5 Minuten schmoren.
Parallel dazu die Nudeln in reichlich Salzwasser bißfest garen. Abgetropft mit dem Gemüse mischen und etwas abkühlen lassen. Majoran und Petersilie waschen, trokkentupfen und zerkleinern. Oliven entsteinen und hakken. Kräuter, Oliven, Oregano, Eier, saure Sahne und Käse unter die Nudelmischung rühren. Mit Salz und Cayennepfeffer kräftig abschmecken.
Eine ofenfeste Form mit niedrigem Rand kalt ausspülen. Blätterteigplatten dünn ausrollen, Form damit auslegen. Gemüse-Nudelmischung einfüllen. Restlichen Teig als »Deckel« auf die Form legen. In die Mitte ein Loch stechen, damit der Dampf entweichen kann. Eigelb mit

Sahne verrühren, Pie damit bestreichen. Pie im vorgeheizten Backofen bei 180° C etwa 40 Minuten backen, bis die Oberfläche leicht gebräunt ist. Heiß servieren.

Makkaroni-Auflauf mit Dicken Bohnen

250 g Vollkorn-Makkaroni
Salz
1 Paket Tiefkühl-Dicke Bohnen (300 g)
1 EL Öl
1 Zwiebel
1 kleine Dose geschälte Tomaten (Einwaage 240 g)
1 Becher Crème fraîche (200 g)
frisch gemahlener schwarzer Pfeffer
4 Eier
150 g frisch geriebener Emmentaler Käse
1 Päckchen gemischte Tiefkühl-Kräuter
1 EL Butter

Makkaroni in Stücke brechen und in reichlich Salzwasser bißfest garen. Parallel dazu die Bohnen in wenig Wasser dünsten. Öl erhitzen, geschälte, gehackte Zwiebel und Tomaten (mit Flüssigkeit) darin unter Rühren schmoren, bis ein dickes Püree entstanden ist. Mit Nudeln und Bohnen mischen und etwas abkühlen lassen. Crème fraîche und Eigelb untermischen. Mit Salz und Pfeffer kräftig würzen. Eiweiß steif schlagen, auf die Masse geben, Käse und Kräuter darüberstreuen. Alles vorsichtig mischen und in eine ofenfeste Form geben. Butter in Flöckchen darüber verteilen. Im vorgeheizten Backofen bei 180° C etwa 40 Minuten backen, bis der Auflauf schön gebräunt ist.

Beilage: Feldsalat mit Radicchio, Pilzen und gehackten Nüssen.

Ravioli & Co.

Tortellini mit Käse-Kräuter-Füllung und Auberginengemüse

1 Knoblauchzehe
150 g Mascarpone oder Doppelrahm-frischkäse
1 EL Crème fraîche
1 Päckchen gemischte Tiefkühl-Kräuter (25 g)
50 g frisch geriebener Parmesankäse
Salz
Muskatnuß
frisch gemahlener weißer Pfeffer
400 g frische Nudelplatten mit Weizenmehl und Eiern (Rezept S. 42)
Mehl für die Arbeitsfläche
2 Auberginen (etwa 500 g)
1 Zwiebel
3 EL Olivenöl
1 Becher Sahne (200 g)
1 Bund Basilikum
20 g Pinienkerne
100 g frisch geriebener Parmesan- oder Pecorinokäse

Für die Füllung Knoblauch schälen und durchpressen. Mit Mascarpone, Crème fraîche, Kräutern und Parmesankäse mischen, mit Salz, Muskatnuß und Pfeffer abschmecken.

Teigplatten nebeneinander auf der sehr dünn bemehl-

ten Arbeitsfläche ausbreiten. Mit einem Glas Kreise von etwa 7 cm Durchmesser ausstechen. Teigreste wieder zusammenkneten, auswellen und ausstechen, bis der Teig aufgebraucht ist. In die Mitte jedes Kreises knapp 1 TL Füllung geben. Teigränder mit kaltem Wasser bestreichen. Kreise zu Halbmonden zusammenklappen, an den Rändern mit den Zinken einer Gabel fest zusammendrücken, damit die Füllung beim Garen nicht herausquillt. Jeden Halbmond mit beiden Händen fassen und ringförmig um die Zeigefinger legen. Teigenden mit Daumen und Zeigefinger zusammendrücken. Tortellini ruhen lassen, bis das Gemüse zubereitet ist.
Die Auberginen waschen, abtrocknen, von den Blütenansätzen befreien und würfeln. Zwiebel schälen und hacken, in 2 EL erhitztem Öl glasig braten, Auberginen zugeben, bei schwacher bis mittlerer Hitze unter Rühren 5 Minuten mitbraten. Sahne untermischen. Gemüse mit Salz und Pfeffer abschmecken und warm halten. Basilikum waschen, trockentupfen und hacken. Pinienkerne im restlichen Öl goldbraun rösten.
Für die Tortellini reichlich Salzwasser zum Kochen bringen und etwa 2 Minuten sprudelnd kochen lassen. Die Tortellini darin 3—6 Minuten kochen, bis sie al dente sind; die Kochzeit richtet sich nach der Feuchtigkeit des Teiges: Sehr frischer Teig gart rasch, bereits leicht angetrockneter braucht mehr Zeit. Abgetropfte Tortellini mit den Auberginen mischen und auf vorgewärmten Tellern anrichten. Mit Basilikum, Pinienkernen und Käse bestreuen.

Beilage: Tomatensalat mit Zwiebeln und Basilikum.

V. o. n. u.: *Penne mit Tomaten, Pinienkernen und Kapern* (S. 157) ▷
Ravioli mit Salbei, Butter und Parmesan (S. 134)
Grüne Nudeln in Käsesahne (S. 160)

Ravioli mit Wirsinggemüse

1 Paket Tiefkühl-Spinat (150 g)
1 Zwiebel
1 Knoblauchzehe
1 TL Öl
250 g Magerquark
2 EL geriebener Bergkäse
1 Eigelb
1 EL Paniermehl
Salz
frisch gemahlener weißer Pfeffer
400 g frische Nudelplatten mit Weizenmehl und Eiern (Rezept S. 42)
Mehl für die Arbeitsfläche
1 kleiner Wirsingkohl (etwa 750 g)
1 EL Öl
½ TL gemahlener Koriander
1 Msp gemahlener Kreuzkümmel (Kumin)
⅛ l Gemüsebrühe
2 vollreife Tomaten
½ Becher Crème fraîche (100 g)
25 g Butter
½ Bund Petersilie

Für die Füllung den Spinat auftauen lassen und so gut mit den Händen ausdrücken, daß er nur noch ganz wenig Flüssigkeit enthält. Zwiebel und Knoblauch schälen und hacken, im erhitzten Öl glasig braten. Mit Spinat, Quark, Käse, Eigelb, Paniermehl, Salz und Pfeffer vermischen.
Teigplatten nebeneinander auf der bemehlten Arbeitsfläche ausbreiten. Die Füllung auf jeweils einer Teigplatte in Häufchen von einem knappen Eßlöffel verteilen und dazwischen je etwa 7 cm Abstand lassen. Den Teig zwischen der Füllung mit Wasser bestreichen, damit die Ravioli beim Kochen zusammenhalten. Eine zweite Teigplatte darüberlegen. Die beiden Teigschichten zwischen der Füllung zusammendrücken. Die Ravioli mit einem Teigrädchen ausschneiden. Alle Teigplatten auf diese Weise verarbeiten. Das überschüssige Mehl, das an den Ravioli haftet, vorsichtig abklopfen. Die Ravioli auf der

◁ *Ravioli mit Tofu-Kräuterfüllung und Tomatensauce* (Rezept S. 152)

Arbeitsfläche ruhen lassen, bis das Gemüse zubereitet ist.
Wirsing vierteln, Strunk herausschneiden, welke Blätter entfernen. Wirsingviertel waschen, trockenschwenken und in etwa fingerbreite Streifen schneiden. Öl erhitzen, Wirsing darin anbraten. Koriander und Kreuzkümmel darüberstreuen. Gemüsebrühe zugeben. Wirsing einmal aufkochen und zugedeckt bei schwacher Hitze 10 Minuten dünsten. Inzwischen die Tomaten häuten und achteln, dabei von den Stielansätzen befreien. Die Tomaten mit dem Wirsing weitere 5 Minuten garen. Crème fraîche unter das Gemüse rühren, mit Salz und Pfeffer abschmecken und warm halten.
Für die Ravioli reichlich Salzwasser zum Kochen bringen und etwa 2 Minuten sprudelnd kochen lassen. Die Ravioli darin 3—6 Minuten kochen, bis sie al dente sind; die Kochzeit richtet sich nach der Feuchtigkeit des Teiges: Sehr frischer Teig gart rasch, bereits leicht angetrockneter braucht mehr Zeit. Die Butter zerlassen und dabei leicht bräunen. Die Petersilie waschen und ganz fein hacken. Die abgetropften Ravioli mit dem Gemüse und der Butter mischen, auf vorgewärmten Tellern verteilen und mit Petersilie bestreuen.

Beilage: Rohkostsalat mit Möhren, Stangensellerie und Kohlrabi in Kräuterdressing mit Sonnenblumenkernen.

Ravioli mit Käse-Kräuter-Füllung und Zucchinigemüse

2 Bund Basilikum oder Petersilie
1 Knoblauchzehe
300 g Ricottakäse oder griechischen Schafkäse
2 EL Sahne
25 g abgezogene Mandeln
evtl. geriebenes Knäckebrot
Salz
frisch gemahlener weißer Pfeffer
400 g frische Teigplatten für »Nudeln mit Weizenvollkornmehl und Eiern« (Rezept S. 42)
Mehl für die Arbeitsfläche
500 g Zucchini
1 EL Sonnenblumenöl
1 TL getrocknete Rosmarinnadeln
1 Becher Sahne (250 g)
2 vollreife Tomaten
50 g frisch geriebener Pecorinokäse
1 EL Sonnenblumenkerne
1 Bund Schnittlauch

Für die Füllung das Basilikum waschen und sehr gut trockentupfen. Knoblauch schälen. Beide Zutaten mit Ricotta- oder Schafkäse, Sahne und Mandeln im Blitzhacker zu einer Paste verarbeiten, die etwa die Konsistenz von Quark haben sollte. Wenn die Paste zu weich ist, enthalten die Kräuter sehr viel Flüssigkeit. In diesem Fall nach und nach geriebenes Knäckebrot untermischen. Die Füllung mit wenig Salz und einer kräftigen Prise Pfeffer abschmecken.
Teigplatten nebeneinander auf der bemehlten Arbeitsfläche ausbreiten. Die Füllung auf jeweils einer Teigplatte in Häufchen von einem knappen Eßlöffel verteilen und dazwischen je etwa 7 cm Abstand lassen. Den Teig zwischen der Füllung mit Wasser bestreichen, damit die Ravioli beim Kochen zusammenhalten. Eine zweite Teigplatte darüberlegen. Die beiden Teigschichten zwischen der Füllung zusammendrücken. Die Ravioli mit

einem Teigrädchen ausschneiden. Alle Teigplatten auf diese Weise verarbeiten. Das überschüssige Mehl, das an den Ravioli haftet, vorsichtig abklopfen. Die Ravioli auf der Arbeitsfläche ruhen lassen, bis das Gemüse zubereitet ist.
Zucchini waschen, abtrocknen, von den Stiel- und Blütenansätzen befreien und in etwa 5 cm lange, bleistiftdicke Stifte schneiden. Öl erhitzen, Zucchini und Rosmarin darin anbraten. Sahne zugießen, aufkochen und die Zucchini zugedeckt bei schwacher Hitze bißfest garen. Inzwischen Tomaten häuten und achteln, dabei von den Stielansätzen befreien. Die Tomaten unter die Zucchini mischen und nur erhitzen. Gemüse warm halten.
Für die Ravioli reichlich Salzwasser zum Kochen bringen und etwa 2 Minuten sprudelnd kochen lassen. Die Ravioli darin 3—6 Minuten kochen, bis sie al dente sind; die Kochzeit richtet sich nach der Feuchtigkeit des Teiges: Sehr frischer Teig gart rasch, bereits leicht angetrockneter braucht mehr Zeit. Abgetropfte Ravioli und Käse mit dem Gemüse mischen. Ravioli auf vorgewärmten Tellern anrichten, mit Sonnenblumenkernen und Schnittlauchröllchen bestreut servieren.

Beilage: Grüner Salat mit Kräuterdressing.

Tortellini mit Tofu-Kräuter-Füllung

150 g Tofu
1 Bund Petersilie
50 g Walnußkerne
Schale und Saft von
½ unbehandelten Zitrone
1 EL geriebener
Parmesankäse
½ Päckchen gemischte
Tiefkühl-Kräuter
Salz
Muskatnuß
Cayennepfeffer
400 g frische Teigplatten
von »Grünen Vollkorn-
nudeln« (Rezept S. 49)
Mehl für die Arbeitsfläche
1 kg frischer Spinat
1 frische oder getrocknete
Pfefferschote
2 Knoblauchzehen
50 g Butter

Für die Füllung abgetropften Tofu mit gewaschener, sehr gut trockengetupfter Petersilie und Walnußkernen pürieren. Abgeriebene Zitronenschale, Saft, Parmesankäse und Kräuter untermischen, mit Salz, Muskatnuß und Cayennepfeffer abschmecken.
Teigplatten nebeneinander auf der sehr dünn bemehlten Arbeitsfläche ausbreiten. Mit einem Glas Kreise von etwa 7 cm Durchmesser ausstechen. Teigreste wieder zusammenkneten, auswellen und ausstechen, bis der Teig aufgebraucht ist. In die Mitte jedes Kreises knapp 1 TL Füllung geben. Teigränder mit kaltem Wasser bestreichen. Kreise zu Halbmonden zusammenklappen, an den Rändern mit den Zinken einer Gabel festdrücken, damit die Füllung beim Garen nicht herausquillt. Halbmonde jeweils mit beiden Händen fassen und ringförmig um die Zeigefinger legen. Teigenden mit Daumen und Zeigefinger zusammendrücken. Tortellini ruhen lassen, bis der Spinat zubereitet ist.
Spinat verlesen, mehrmals waschen und in einen großen Topf geben. Deckel auflegen, Topf erhitzen und einige Male kräftig schütteln, bis der Spinat zusammenge-

fallen ist. Pfefferschote putzen, alle brennendscharfen Kerne entfernen. Knoblauch schälen und hacken. Butter zerlassen und dabei leicht bräunen. Pfanne von der Kochstelle nehmen. Pfefferschote und Knoblauch in der heißen Butter ziehen lassen.
Für die Tortellini reichlich Salzwasser zum Kochen bringen und etwa 2 Minuten sprudelnd kochen lassen. Die Tortellini darin 3—6 Minuten kochen, bis sie al dente sind. Abgetropft mit dem Spinat mischen, mit Salz und Pfeffer würzen und auf vorgewärmte Teller geben. Pfefferschote aus der Butter nehmen. Butter über den Spinat und die Tortellini träufeln.

Ravioli mit Salbei, Butter und Parmesan

(Abb. Seite 128)

Für 3 Personen:

1 Handvoll frische Salbeiblättchen
100 g Butter
400 g fertig gekaufte Ravioli mit Käsefüllung
Salz
75 g frisch geriebener Parmesankäse
frisch gemahlener schwarzer Pfeffer

Salbei waschen, trockentupfen und in Streifen schneiden. Butter zerlassen, die Hälfte des Salbeis darin bei schwacher Hitze ziehen lassen. Ravioli in reichlich Salzwasser al dente garen. Abgetropft mit der Salbeibutter, etwa zwei Drittel des Parmesans und Pfeffer in einer Schüssel mischen. Auf vorgewärmten Tellern verteilen und mit dem restlichen Salbei und Parmesan bestreut servieren.

Hirse-Maultaschen mit Gemüsepüree

1 Kohlrabiknolle (etwa 300 g)
Salz
1 Zwiebel
1 Knoblauchzehe
1 Bund Petersilie
1 TL Butter
50 g geriebener mittelalter Goudakäse
1 Eigelb
1 EL Crème fraîche
1 EL Paniermehl
Salz
frisch gemahlener weißer Pfeffer
400 g frische Teigplatten für »Hirsenudeln« (Rezept S. 47)
Mehl für die Arbeitsfläche
1 EL Maiskeimöl
25 g Butter
1—2 EL Zitronensaft
8 frische Salbeiblättchen

Für die Füllung Kohlrabi putzen, schälen, würfeln und in wenig Salzwasser sehr weich kochen. Abgießen und etwas abgekühlt pürieren oder mit einer Gabel fein zerdrücken. Zwiebel und Knoblauchzehe schälen und hakken. Gewaschene Petersilie trockentupfen und fein zerkleinern. Mit Zwiebel und Knoblauch in der heißen Butter anbraten. Mit Kohlrabi, Goudakäse, Eigelb, Crème fraîche, Paniermehl, Salz und Pfeffer vermischen.

Teigplatten nebeneinander auf der bemehlten Arbeitsfläche ausbreiten. Die Füllung auf jeweils einer Teigplatte in Häufchen von einem Eßlöffel verteilen und dazwischen je etwa 7 cm Abstand lassen. Den Teig zwischen der Füllung mit Wasser bestreichen, damit die Maultaschen beim Kochen zusammenhalten. Eine zweite Teigplatte darüberlegen. Die beiden Teigschichten zwischen der Füllung zusammendrücken. Die Maultaschen mit einem Teigrädchen ausschneiden. Alle Teigplatten auf diese Weise verarbeiten. Das überschüssige Mehl, das an den Maultaschen haftet, vorsichtig abklopfen.

Reichlich Salzwasser zum Kochen bringen und etwa 2

Minuten sprudelnd kochen lassen. Die Maultaschen darin 3—6 Minuten kochen, bis sie al dente sind; die Kochzeit richtet sich nach der Feuchtigkeit des Teiges: Sehr frischer Teig gart rasch, bereits leicht angetrockneter braucht mehr Zeit. Das Öl mit Butter und Zitronensaft erhitzen. Die gewaschenen, grob zerkleinerten Salbeiblättchen darin ziehen lassen. Abgetropfte Maultaschen auf vorgewärmten Tellern verteilen und mit der Salbeibutter beträufeln.

Beilage: Spinatsalat mit Sahnedressing und Kürbiskernen.

Ausgebackene Ravioli mit Tomaten und Paprika

200 g Frischkäse mit Kräutern
1 Eigelb
75 g Magerquark
75 g geriebener Emmentaler Käse
Salz
frisch gemahlener schwarzer Pfeffer
400 g Teigplatten für »Roggenvollkornnudeln« (Rezept S. 44)
Mehl für die Arbeitsfläche
750 g Tomaten
1 rote Paprikaschote (etwa 250 g)
1 große Zwiebel
2 EL Olivenöl
Pflanzenfett oder Öl zum Fritieren
1 Bund Basilikum

Für die Füllung Frischkäse mit Eigelb, Quark und Käse vermischen, mit Salz und Pfeffer abschmecken. Teigplatten auf der leicht bemehlten Arbeitsfläche ausbreiten.

Je eine Teigplatte im Abstand von etwa 7 cm mit knapp 1 EL Füllung belegen. Zwischenräume mit kaltem Wasser bestreichen. Zweite Teigplatte darüberlegen, Ravioli mit einem Teigrädchen ausschneiden, die Ränder gut zusammendrücken. Ravioli ruhen lassen, bis das Gemüse zubereitet ist.
Tomaten häuten und würfeln, dabei die Stielansätze entfernen. Paprikaschote putzen, waschen und in Streifen schneiden. Zwiebel schälen und fein hacken. Öl erhitzen. Zwiebel darin glasig braten. Tomaten und Paprikastreifen zufügen und kurz mitschmoren. Gemüse zugedeckt 3 Minuten garen. Auf der abgeschalteten Kochstelle ziehen lassen.
Fett oder Öl zum Fritieren erhitzen. Es ist heiß genug, wenn an einem Holzlöffel, den man hineinhält, kleine Bläschen aufsteigen. Ravioli im heißen Fett portionsweise goldbraun ausbacken, jeweils herausnehmen und auf Küchenkrepp abtropfen lassen. Gebackene Ravioli warm halten. Gemüse mit Salz und Pfeffer aus der Mühle abschmecken und mit dem gehackten Basilikum bestreut zu den Ravioli servieren.

Maultaschen mit Käsesahnesauce

500 g Mangold
1 Zwiebel
1 Knoblauchzehe
100 g Haselnuß-kerne
125 g Tofu
1 EL Zitronensaft
Salz
Cayennepfeffer
400 g frische Teigplatten von Buchweizen- oder Weizenvollkornnudeln mit Eiern (Rezept S. 48, 42)
Mehl für die Arbeitsfläche
1 Becher Sahne (250 g)
½ Becher Crème fraîche (100 g)
Muskatnuß
75 g frisch geriebener Bergkäse
½ Bund Petersilie

Für die Füllung Mangold waschen und in reichlich kochendem Salzwasser etwa 3 Minuten sprudelnd kochen lassen, abgießen, kalt abschrecken und abkühlen lassen. Mit den Händen gut ausdrücken, so daß der Mangold fast keine Flüssigkeit mehr enthält. Mit geschälter Zwiebel, Knoblauchzehe, Nüssen und Tofu pürieren. Mit Zitronensaft, Salz und Pfeffer abschmecken.
Teigplatten auf der leicht bemehlten Arbeitsfläche ausbreiten. Jeweils eine Teigplatte im Abstand von 7 cm mit 1 EL Füllung belegen. Teig zwischen der Füllung mit Wasser bestreichen. Zweite Teigplatte darauflegen und den Teig zwischen der Füllung gut andrücken. Mit einem Teigrädchen Maultaschen ausschneiden, in reichlich sprudelnd kochendem Salzwasser 3—6 Minuten bißfest garen.
Inzwischen Sahne mit Crème fraîche erhitzen. Mit Muskat und Pfeffer würzen. Käse darin bei schwacher Hitze unter Rühren auflösen. Gehackte Petersilie untermischen. Abgetropfte Maultaschen mit der Käsesahne mischen und auf vorgewärmten Tellern servieren.

Beilage: Gemischter Salat mit Radicchio, Endivie und Fenchel.

Mini-Krapfen mit Käse

150 g Sahnegorgonzola
50 g Pecorinokäse
2 Knoblauchzehen
50 g Sonnenblumenkerne
5 frische Pfefferminzblätter
Schale und Saft von 1 kleinen Zitrone
Cayennepfeffer
400 g Teigplatten von »Weizenvollkornnudeln mit Ei« (Rezept S. 42)
Mehl für die Arbeitsfläche
2 Zweige frischer Thymian
2 EL Butter
½ Becher Crème fraîche (100 g)

Für die Füllung Gorgonzola mit Pecorinokäse, geschältem Knoblauch und Sonnenblumenkernen pürieren. Pfefferminze waschen, trockentupfen und fein hacken. Zitronenschale ganz dünn abschälen und hacken. Mit dem Zitronensaft und der Minze unter die Käsemasse mischen. Füllung mit Cayennepfeffer pikant abschmekken.
Teigplatten auf der leicht bemehlten Arbeitsfläche ausbreiten und mit einer Ausstechform in etwa 5 cm große Quadrate teilen. Füllung darauf verteilen, Quadrate diagonal zusammenklappen. Die Ränder mit den Zinken einer Gabel fest zusammendrücken. Krapfen in reichlich sprudelnd kochendem Salzwasser 3—6 Minuten al dente garen.
Thymian waschen, Blättchen abzupfen. Butter erhitzen. Thymian darin unter Rühren anbraten. Crème fraîche zugeben und erhitzen. Abgetropfte Krapfen mit der Thymiansauce mischen.

Ravioli mit Kartoffelfüllung und Pilzgemüse

25 g getrocknete Steinpilze
⅛ l Wasser
1 mehlig kochende Kartoffel (250 g)
1 Eigelb
100 g geriebener Emmentaler Käse
1 EL saure Sahne
1 TL getrockneter Thymian
Salz
frisch gemahlener weißer Pfeffer
400 g frische Teigplatten für »Gerstennudeln« (Rezept S. 46)
Mehl für die Arbeitsfläche
300 g Champignons
1 Zwiebel
1 EL Butter
1 Becher Sahne (250 g)
1 Handvoll frischer Kerbel
75 g frisch geriebener Parmesankäse

Die Steinpilze im Wasser etwa 4 Stunden einweichen, herausnehmen und kalt abspülen. Einweichwasser durch eine Kaffeefiltertüte gießen. Für die Füllung Kartoffel schälen, waschen, würfeln und in wenig Wasser sehr weich kochen. Abgießen, etwas ausdämpfen lassen und mit einer Gabel sehr fein zerdrücken. Mit Eigelb, Käse, saurer Sahne und Thymian mischen, mit Salz und Pfeffer abschmecken.

Teigplatten nebeneinander auf der bemehlten Arbeitsfläche ausbreiten. Die Füllung auf jeweils einer Teigplatte in Häufchen von einem knappen Eßlöffel verteilen und dazwischen je etwa 7 cm Abstand lassen. Den Teig zwischen der Füllung mit Wasser bestreichen, damit die Ravioli beim Kochen zusammenhalten. Eine zweite Teigplatte darüberlegen. Die beiden Teigschichten zwischen der Füllung zusammendrücken. Die Ravioli mit einem Teigrädchen ausschneiden. Alle Teigplatten auf

diese Weise verarbeiten. Das überschüssige Mehl, das an den Ravioli haftet, vorsichtig abklopfen. Die Ravioli auf der Arbeitsfläche ruhen lassen, bis die Pilze zubereitet sind.
Champignons putzen, gegebenenfalls waschen, blättrig schneiden. Zwiebel schälen und hacken. In der heißen Butter glasig braten. Steinpilze und Champignons zugeben und bei starker Hitze unter Rühren etwa 3 Minuten braten. Abwechselnd Einweichwasser der Pilze und Sahne zugeben und jeweils einkochen lassen. Pilze mit Salz und Pfeffer würzen und zugedeckt warm halten.
Für die Ravioli reichlich Salzwasser zum Kochen bringen und etwa 2 Minuten sprudelnd kochen lassen. Die Ravioli darin 3—6 Minuten kochen, bis sie al dente sind; die Kochzeit richtet sich nach der Feuchtigkeit des Teiges: Sehr frischer Teig gart rasch, bereits leicht angetrockneter braucht mehr Zeit. Kerbel waschen, trockentupfen und grob zerkleinern. Unter die Pilze mischen. Abgetropfte Ravioli auf vorgewärmten Tellern anrichten, Pilze darüber verteilen. Mit Parmesankäse bestreut sofort servieren.

Teigtaschen mit Quarkfüllung und Sauerkraut

⅛ l Milch
40 g Hartweizengrieß
200 g Quark (20 %)
1 EL Crème fraîche
½ Bund Petersilie
Salz
Muskatnuß
frisch gemahlener weißer Pfeffer
400 g frische Nudelplatten mit Weizenmehl und Eiern (Rezept S. 42)
Mehl für die Arbeitsfläche
1 Zwiebel
1 Bund frischer Majoran
1 EL Sonnenblumenöl
500 g Sauerkraut
1 Lorbeerblatt
2 Wacholderbeeren
1 TL Kümmel
⅛ l Gemüsebrühe
2 EL naturtrüber Apfelsaft
1 EL Butter
2 EL gehackte Petersilie

Für die Füllung Milch aufkochen, Grieß einstreuen, einmal aufkochen und auf der abgeschalteten Kochstelle 30 Minuten quellen lassen. Lauwarm abkühlen lassen, mit Quark, Crème fraîche und fein gehackter Petersilie mischen, mit Salz, Muskatnuß und Pfeffer kräftig würzen.

Teigplatten auf der leicht bemehlten Arbeitsfläche ausbreiten, Kreise von etwa 7 cm Durchmesser ausstechen. Teigreste wieder zusammenkneten, auswellen und ausstechen, bis der Teig aufgebraucht ist. Die Hälfte der Teigkreise mit der Füllung belegen. Die Teigränder rundherum mit kaltem Wasser bestreichen. Die restlichen Kreise darauflegen und an den Rändern mit den Zinken einer Gabel fest zusammendrücken, damit die Füllung beim Garen nicht herausquillt. Die Taschen ruhen lassen, bis das Sauerkraut zubereitet ist.

Die Zwiebel schälen und hacken, den gewaschenen Majoran fein zerkleinern. Öl erhitzen, Zwiebel, Majoran und zerpflücktes Sauerkraut darin anbraten. Lorbeer-

blatt, Wacholderbeeren und Kümmel untermischen. Brühe und Apfelsaft zugeben, aufkochen und zugedeckt bei schwacher Hitze 40 Minuten garen. Mit Salz und Pfeffer abschmecken.
Für die Teigtaschen reichlich Salzwasser zum Kochen bringen und etwa 2 Minuten sprudelnd kochen lassen. Die Taschen darin etwa 5 Minuten kochen, bis sie al dente sind. Abgießen, abtropfen lassen und mit der Butter mischen. Mit dem Sauerkraut auf vorgewärmten Tellern anrichten und mit der Petersilie bestreuen.

Rote Tortellini mit Käsefüllung und roten Beten

1 Knoblauchzehe
1 Bund Dill
200 g körniger Frischkäse
50 g geriebener Pecorinokäse
Salz
frisch gemahlener weißer Pfeffer
400 g frische Teigplatten für »Rote Nudeln« (Rezept S. 50)
Mehl für die Arbeitsfläche

750 g rote Beten
1 kleine Zwiebel
1 Knoblauchzehe
1 EL Maiskeimöl
1 TL Kümmel
1 Becher Crème fraîche (200 g)
Schale von ¼ unbehandelten Zitrone
1 Gläschen Kapern
1 EL gehackte Petersilie

Für die Füllung Knoblauch schälen und durchpressen. Gewaschenen Dill sehr gut trockentupfen und fein hakken. Frischkäse, Pecorinokäse, Knoblauch und Dill mischen, mit Salz und Pfeffer kräftig würzen.
Teigplatten nebeneinander auf der sehr dünn bemehl-

ten Arbeitsfläche ausbreiten. Mit einem Glas Kreise von etwa 7 cm Durchmesser ausstechen. Teigreste wieder zusammenkneten, auswellen und ausstechen, bis der Teig aufgebraucht ist. In die Mitte jedes Kreises knapp 1 TL Füllung geben. Teigränder mit kaltem Wasser bestreichen. Kreise zu Halbmonden zusammenklappen, an den Rändern mit den Zinken einer Gabel zusammendrücken, damit die Füllung beim Garen nicht herausquillt. Jeden Halbmond mit beiden Händen fassen und ringförmig um die Zeigefinger legen. Teigenden mit Daumen und Zeigefinger zusammendrücken. Tortellini ruhen lassen, bis die roten Beten zubereitet sind.
Die zarten Blättchen der roten Beten abschneiden und beiseite legen. Rote Beten schälen und auf der Rohkostreibe grob raffeln. Zwiebel schälen und hacken. Im heißen Öl glasig braten. Rote Beten, Kümmel und Crème fraîche zugeben, mit Salz und Pfeffer würzen, einmal aufkochen und zugedeckt bei schwacher Hitze 5 Minuten garen. Mit Zitronenschale und Kapern mischen und warm halten.
Für die Tortellini reichlich Salzwasser zum Kochen bringen und etwa 2 Minuten sprudelnd kochen lassen. Die Tortellini darin 3—6 Minuten kochen, bis sie al dente sind. Abgetropfte Tortellini mit dem Gemüse mischen, anrichten und mit den fein gehackten roten Betenblättchen und der Petersilie bestreuen.

Beilage: Chicoréesalat mit Orangen.

Tortellini mit Tofufüllung und Nußsauce

150 g Tofu
75 g frisch geriebener Greyerzer Käse
2 Knoblauchzehen
1 EL saure Sahne
5 frische Salbeiblättchen
Schale und Saft von 1 kleinen unbehandelten Zitrone
Cayennepfeffer
400 g frische Teigplatten von »Weizenvollkornnudeln mit Ei« (Rezept S. 42)
Mehl für die Arbeitsfläche
100 g Walnußkerne
½ frische oder getrocknete Pfefferschote
1 Becher Crème fraîche (200 g)
1 EL gehackte Petersilie

Für die Füllung Tofu pürieren. Mit Greyerzer Käse, geschälten, fein gehackten Knoblauchzehen und saurer Sahne mischen. Salbei waschen, trockentupfen und fein hacken. Etwa die Hälfte der Zitronenschale ganz dünn abschälen und hacken. Mit 3 EL Zitronensaft und Salbei unter die Tofumasse mischen. Füllung mit Cayennepfeffer pikant abschmecken.
Teigplatten nebeneinander auf der sehr dünn bemehlten Arbeitsfläche ausbreiten. Mit einem Glas Kreise von etwa 7 cm Durchmesser ausstechen. Teigreste wieder zusammenkneten, auswellen und ausstechen, bis der Teig aufgebraucht ist. In die Mitte jedes Kreises knapp 1 TL Füllung geben. Teigränder mit kaltem Wasser bestreichen. Kreise zu Halbmonden zusammenklappen, an den Rändern mit den Zinken einer Gabel festdrükken, damit die Füllung beim Garen nicht herausquillt. Jeden Halbmond mit beiden Händen fassen und ringförmig um die Zeigefinger legen. Teigenden mit Daumen und Zeigefinger zusammendrücken. Tortellini ruhen lassen, bis die Sauce zubereitet ist.

Die Hälfte der Walnußkerne grob hacken, den Rest in der Mandelmühle mahlen. Pfefferschote von allen Kernen befreien und in feine Streifen schneiden (getrocknete Pfefferschote zwischen den Fingern zerreiben). Créme fraîche unter Rühren mit den gemahlenen Walnüssen und der Pfefferschote erhitzen und etwa 2 Minuten sanft kochen lassen. Mit abgeriebener Zitronenschale, 2 EL Zitronensaft und Salz würzen. Die gehackten Walnußkerne in einer Pfanne ohne Fett rösten und in die Sauce geben. Sauce zugedeckt warm halten.
Für die Tortellini reichlich Salzwasser zum Kochen bringen und etwa 2 Minuten sprudelnd kochen lassen. Die Tortellini darin 3—6 Minuten kochen, bis sie al dente sind; die Kochzeit richtet sich nach der Feuchtigkeit des Teiges: Sehr frischer Teig gart rasch, bereits leicht angetrockneter braucht mehr Zeit. Abgetropfte Tortellini mit der Nußsauce mischen und auf vorgewärmten Tellern anrichten. Mit Petersilie bestreuen.

Beilage: Feldsalat mit Pilzen.

Gersten-Maultaschen mit Tomatenpüree

500 g vollreife Tomaten
1 Zwiebel
1 Knoblauchzehe
2 EL Olivenöl
1 TL getrockneter Rosmarin
150 g griechischer Schafkäse
Salz
frisch gemahlener schwarzer Pfeffer
400 g frische Teigplatten für »Gerstennudeln« (Rezept S. 46)
Mehl für die Arbeitsfläche
2 rote Zwiebeln
500 g grüne Paprikaschoten
1 rote Pfefferschote
2 EL Crème fraîche
1 EL gehackte Petersilie

Für die Füllung Tomaten häuten, von den Stielansätzen befreien und zerkleinern. Zwiebel und Knoblauch schälen und hacken. 1 EL Öl erhitzen, Zwiebel, Knoblauch und Tomaten darin bei starker Hitze unter Rühren so lange schmoren, bis ein dickes Püree entstanden ist. Abgekühlt mit zerriebenem Rosmarin und zerkrümeltem Schafkäse mischen. Mit Salz und Pfeffer abschmecken.
Teigplatten nebeneinander auf der bemehlten Arbeitsfläche ausbreiten. Die Füllung auf jeweils einer Teigplatte in Häufchen von 1 EL verteilen und dazwischen je etwa 7 cm Abstand lassen. Den Teig zwischen der Füllung mit Wasser bestreichen, damit die Maultaschen beim Kochen zusammenhalten. Eine zweite Teigplatte darüberlegen. Die beiden Teigschichten zwischen der Füllung zusammendrücken. Die Maultaschen mit einem Teigrädchen ausschneiden. Alle Teigplatten auf diese Weise verarbeiten. Das überschüssige Mehl, das an den Maultaschen haftet, vorsichtig abklopfen.
Für das Gemüse rote Zwiebeln schälen und in Ringe schneiden. Paprikaschoten und Pfefferschote putzen, von allen Kernen befreien und in Streifen schneiden. Zwiebeln, Paprikaschoten und Pfefferschote im restlichen Öl unter Rühren anbraten. Créme fraîche untermischen. Gemüse zugedeckt in etwa 5 Minuten garen, mit Salz abschmecken.
Für die Maultaschen reichlich Salzwasser zum Kochen bringen und etwa 2 Minuten sprudelnd kochen lassen. Die Maultaschen darin 3—6 Minuten kochen, bis sie al dente sind. Abgetropft mit dem Paprikagemüse mischen und mit der Petersilie bestreut servieren.

Schwäbische Maultaschen mit Bröselbutter

Für 6—8 Personen:

2 Pakete Tiefkühl-Spinat (je 300 g)
1 Zwiebel
100 g Butter
30 g Mehl
1 Becher Sahne (250 g)
Salz
weißer Pfeffer
Muskatnuß
Teigplatten für Weizennudeln mit Eiern (Rezept S. 42, doppelte Menge)
100 g Paniermehl

Für die Füllung Spinat aus der Verpackung nehmen und auftauen lassen. Austretende Flüssigkeit weggießen. Zwiebel schälen und hacken. 30 g Butter zerlassen. Zwiebel darin glasig braten. Spinat zugeben, Mehl unterrühren. Unter Rühren langsam die Sahne zugießen. Spinat einmal aufkochen und unter weiterem Rühren bei starker Hitze so lange garen, bis die Flüssigkeit verdampft und ein dickes Mus entstanden ist. Mit Salz, Pfeffer und Muskat abschmecken.
Teigplatten auf der bemehlten Arbeitsfläche ausbreiten, in Stücke von etwa 7 mal 14 cm schneiden. Mit der Füllung belegen, zusammenklappen und an den Rändern mit den Zinken einer Gabel festdrücken.
Maultaschen portionsweise in reichlich sprudelnd kochendem Salzwasser etwa 5 Minuten garen, jeweils mit einem Schaumlöffel herausnehmen, gut abtropfen lassen und auf einer vorgewärmten Platte warm halten. Restliche Butter zerlassen, Paniermehl darin anrösten und über den Maultaschen verteilen.

Beilage: Grüner Salat in Kräuterdressing.

Tortellini mit Pilzfüllung und Linsengemüse

25 g getrocknete Steinpilze
⅛ l Wasser
100 g Champignons
1 große Zwiebel
1 Knoblauchzehe
1 EL Butter
2 EL Crème fraîche
75 g Doppelrahmfrischkäse
2 EL gehackte Petersilie
Salz
frisch gemahlener weißer Pfeffer
400 g frische Nudelplatten mit Weizenmehl und Eiern (Rezept S. 42)
Mehl für die Arbeitsfläche
200 g rote Linsen
1 TL Maiskeimöl
½ l Gemüsebrühe
2 EL Zitronensaft
1 TL getrockneter Thymian
1 Becher Sahne (200 g)
1 Bund Schnittlauch

Für die Füllung Steinpilze im Wasser zugedeckt 4 Stunden einweichen. Herausnehmen und fein hacken. Einweichwasser durch eine Kaffeefiltertüte gießen. Champignons putzen, gegebenenfalls waschen, ebenfalls fein zerkleinern. Zwiebel und Knoblauch schälen und hakken. Butter erhitzen. Knapp die Hälfte der Zwiebelmischung darin glasig braten. Steinpilze und Champignons zugeben und bei starker Hitze anbraten. Einweichwasser nach und nach zugießen und jeweils einkochen lassen. Zum Schluß Crème fraîche untermischen und alles zu einem dicken Mus einkochen. Abgekühlt mit Frischkäse und Petersilie mischen, mit Salz und Pfeffer abschmecken.
Teigplatten nebeneinander auf der sehr dünn bemehlten Arbeitsfläche ausbreiten. Mit einem Glas Kreise von etwa 7 cm Durchmesser ausstechen. Teigreste wieder zusammenkneten, auswellen und ausstechen, bis der

Teig aufgebraucht ist. In die Mitte jedes Kreises knapp 1 TL Füllung geben. Teigränder mit kaltem Wasser bestreichen. Kreise zu Halbmonden zusammenklappen, an den Rändern mit den Zinken einer Gabel fest zusammendrücken, damit die Füllung beim Garen nicht herausquillt. Jeden Halbmond ringförmig um die Zeigefinger legen. Teigenden mit Daumen und Zeigefinger zusammendrücken. Tortellini ruhen lassen, bis die Linsen zubereitet sind.
Linsen und restliche Zwiebelmischung im heißen Öl anbraten. Gemüsebrühe, Zitronensaft und Thymian zugeben, aufkochen und zugedeckt bei schwacher Hitze 10—15 Minuten garen. Sahne untermischen und erneut aufkochen. Mit Salz und einer kräftigen Prise Pfeffer abschmecken und warm halten.
Für die Tortellini reichlich Salzwasser zum Kochen bringen und etwa 2 Minuten sprudelnd kochen lassen. Die Tortellini darin 3—6 Minuten kochen, bis sie al dente sind. Gewaschenen Schnittlauch in Röllchen schneiden und unter die Linsen mischen. Abgetropfte Tortellini mit Linsengemüse auf vorgewärmten Tellern anrichten.

Beilage: Grüner Salat mit Radieschen.

Teigtäschchen mit Nüssen und Sahnegemüse

100 g Mascarpone oder Doppelrahmfrischkäse
1 EL Crème fraîche
1 EL frisch geriebener Parmesankäse
100 g fein gemahlene Walnußkerne
1 EL gehackte Petersilie
1 TL Zitronensaft
Salz
Cayennepfeffer
Muskatnuß
400 g Teigplatten von »Hirsenudeln« oder »Grünen Vollkornnudeln« (Rezept S. 49)
Mehl für die Arbeitsfläche
½ Bund Frühlingszwiebeln
200 g Möhren
1 Kohlrabi (250 g)
200 g Zucchini
250 g Blumenkohlröschen
2 EL Butter
⅛ l Gemüsebrühe
½ Becher Crème fraîche (100 g)
1 Bund Dill

Für die Füllung Mascarpone mit Crème fraîche, Parmesan, Nüssen, Petersilie und Zitronensaft vermischen. Mit Salz, Cayennepfeffer und Muskat pikant abschmecken.
Teigplatten auf der leicht bemehlten Arbeitsfläche ausbreiten und mit einer Ausstechform in etwa 5 cm große Quadrate teilen. Füllung darauf verteilen, Quadrate diagonal zusammenklappen. Die Ränder mit den Zinken einer Gabel fest zusammendrücken. Teigtäschchen ruhen lassen, bis das Gemüse zubereitet ist.
Frühlingszwiebeln putzen, waschen und mit etwa zwei Drittel der grünen Blätter in 5 cm lange Stücke schneiden. Möhren und Kohlrabi (zarte Blättchen abschneiden und zum Bestreuen beiseite legen) schälen, waschen und in dünne Stifte schneiden. Gewaschene Zucchini putzen und in Scheiben schneiden. Blumenkohl waschen und abtropfen lassen. Butter erhitzen. Gemüse darin anbraten. Brühe zugießen, aufkochen und das

Gemüse in etwa 10 Minuten bißfest garen. Créme fraîche untermischen. Gemüse mit Salz und Cayennepfeffer würzen und warm halten.
Teigtäschchen in reichlich sprudelnd kochendem Salzwasser 3—6 Minuten al dente garen. Abgetropft mit dem Gemüse mischen und auf vorgewärmten Tellern anrichten. Dill und Kohlrabiblättchen waschen, fein zerkleinern und darüberstreuen.

Ravioli mit Tofu-Kräuterfüllung und Tomatensauce

(Abb. Seite 129)

1 Bund Basilikum
1 Bund Petersilie
1 Knoblauchzehe
250 g Tofu
50 g griechischer Schafkäse
2 EL Crème fraîche
25 g Sonnenblumenkerne
eventuell geriebenes Knäckebrot
Salz
frisch gemahlener weißer Pfeffer

400 g frische Teigplatten für Nudeln mit Weizenvollkornmehl und Eiern (Rezept S. 42)
Mehl für die Arbeitsfläche
1 kg vollreife Tomaten
1 kleine Zwiebel
1 EL Sonnenblumenöl
½ Becher Crème fraîche (100 g)
frisch gemahlener schwarzer Pfeffer
1 Prise Zucker

Für die Füllung das Basilikum waschen und sehr gut trockentupfen. Einige Blättchen abzupfen und für die Tomatensauce beiseite legen. Petersilie ebenfalls waschen und trockentupfen. Knoblauch schälen, Kräuter, Knoblauch, Tofu, Schafkäse, Créme fraîche und Sonnenblumenkerne im Blitzhacker zu einer Paste verarbeiten, die etwa

die Konsistenz von Quark haben sollte. Wenn die Paste zu weich ist, nach und nach Knäckebrot untermischen. Die Füllung mit wenig Salz und einer kräftigen Prise Pfeffer abschmecken.
Teigplatten nebeneinander auf der bemehlten Arbeitsfläche ausbreiten. Die Füllung auf jeweils einer Teigplatte in Häufchen von einem knappen Eßlöffel verteilen und dazwischen je etwa 7 cm Abstand lassen. Den Teig zwischen der Füllung mit Wasser bestreichen, damit die Ravioli beim Kochen zusammenhalten. Eine zweite Teigplatte darüberlegen. Die beiden Teigschichten zwischen der Füllung zusammendrücken. Die Ravioli mit einem Teigrädchen ausschneiden. Alle Teigplatten auf diese Weise verarbeiten. Das überschüssige Mehl, das an den Ravioli haftet, vorsichtig abklopfen. Die Ravioli auf der Arbeitsfläche ruhen lassen, bis die Sauce zubereitet ist.
Tomaten häuten und würfeln, dabei von den Stielansätzen befreien. Zwiebel schälen, hacken und im heißen Öl glasig braten. Tomaten zugeben und unter häufigem Umrühren schmoren, bis sie weich sind und die Flüssigkeit, die sich bildet, teilweise verdampft ist. Créme fraîche unterrühren, ebenfalls etwas einkochen lassen. Sauce mit Salz, Pfeffer und Zucker abschmecken.
Für die Ravioli reichlich Salzwasser zum Kochen bringen und etwa 2 Minuten sprudelnd kochen lassen. Die Ravioli darin 3—6 Minuten kochen, bis sie al dente sind. Abgetropfte Ravioli mit der Sauce mischen und mit den Basilikumblättchen bestreut servieren.

Schnelle Nudelküche

Nudeltopf mit Tofu und Gemüse

250 g Tofu
Schale und Saft von
½ unbehandelten Zitrone
1 Gemüsezwiebel
1 Knoblauchzehe
500 g vollreife Tomaten
1 Aubergine (etwa 300 g)
2 Zucchini (je etwa 200 g)
1 Zweig frischer
Rosmarin
5 EL Olivenöl
250 g kurze Nudeln
(Spiralen, Hörnchen
oder italienische
Spezialnudeln)
Salz
frisch gemahlener
schwarzer Pfeffer
1 EL gehackte Petersilie

Tofu abtropfen lassen und würfeln. Zitronenschale mit einem Sparschäler dünn abschneiden, in millimeterdünne Streifen schneiden. Tofu mit Zitronenschale und Saft mischen und zugedeckt ziehen lassen, bis die anderen Zutaten vorbereitet sind. Zwiebel und Knoblauch schälen und hacken. Tomaten häuten, achteln und die Stielansätze dabei entfernen. Aubergine und Zucchini waschen, abtrocknen, von Stiel- und Blütenansätzen befreien und würfeln. 3 EL Öl in einer Pfanne erhitzen.

Zwiebel, Knoblauch, Tomaten, Auberginen, Zucchini und Rosmarin darin unter Rühren 10 Minuten braten. Parallel dazu die Nudeln in reichlich Salzwasser bißfest garen. Restliches Öl in einer Pfanne erhitzen, Tofu darin unter Wenden etwa 5 Minuten braten. Mit den abgetropften Nudeln unter den Eintopf mischen. Eintopf mit Salz und Pfeffer abschmecken und mit Petersilie bestreut anrichten.

Beilage: Gemischter Salat mit Blattsalaten, Radieschen und Pilzen in Knoblauchvinaigrette.

Muschelnudeln mit Bohnengemüse

Für 2 Personen:

1 kleine Zwiebel
1 Bund Bohnenkraut
500 g grüne Bohnen
1 EL Maiskeimöl
1/8 l Gemüsebrühe
2 vollreife Tomaten
Salz
frisch gemahlener schwarzer Pfeffer
250 g Muschelnudeln
25 g Butter
1/2 Bund Petersilie
75 g geriebener Greyerzer oder Emmentaler Käse

Zwiebel schälen und hacken, Bohnenkraut waschen, Stiele abschneiden und ganz fein zerkleinern. Blättchen zum Bestreuen des Gerichts beiseite legen. Bohnen putzen, waschen und in Stücke brechen. Zwiebel im erhitzten Öl glasig braten. Zerkleinertes Bohnenkraut, Bohnen und Gemüsebrühe zugeben, einmal aufkochen und zugedeckt bei schwacher Hitze 15 Minuten garen. Inzwischen die Tomaten häuten und achteln, dabei von den Stielansätzen befreien. Die Tomaten unter die Bohnen mischen, Gemüse mit Salz und Pfeffer abschmecken und warm halten.

Nudeln in reichlich Salzwasser bißfest garen, abgetropft mit der Butter unter das Gemüse mischen und auf vorgewärmten Tellern anrichten. Bohnenkrautblättchen und gewaschene Petersilie fein hacken. Kräuter und Käse über den Eintopf streuen.

Penne mit Tomaten, Pinienkernen und Kapern

(Abb. Seite 128)

1 kg vollreife Tomaten
1 Zwiebel
1 Knoblauchzehe
1 EL Öl
Salz
frisch gemahlener weißer Pfeffer
1 Prise Zucker
25 g Pinienkerne
400 g Penne oder andere kurze Nudeln
2 EL Kapern

Tomaten häuten und würfeln, dabei von den Stielansätzen befreien. Zwiebel und Knoblauch hacken. Öl erhitzen. Zwiebel und Knoblauch darin glasig braten. Tomaten zugeben und unter häufigem Rühren schmoren, bis sie weich sind und die Flüssigkeit, die sich gebildet hat, teilweise wieder verdampft ist. Mit Salz, Pfeffer und Zukker abschmecken. Pinienkerne ohne Fettzugabe goldgelb rösten. Penne in reichlich Salzwasser bißfest garen, abtropfen lassen und mit der Sauce mischen. Auf heißen Tellern anrichten. Mit Pinien und Kapern bestreuen.

Gemüseragout mit Nudeln

Für 6—8 Personen:

250 g grüne Bohnen
1 Gemüsezwiebel
1 Knoblauchzehe
5 EL Sonnenblumenöl
75 ccm Gemüsebrühe
2 rote Paprikaschoten (etwa 500 g)
500 g vollreife Tomaten
1 Aubergine (etwa 300 g)
2 Zucchini (je etwa 200 g)
5 frische Salbeiblättchen
500 g kurze Nudeln (Spiralen, Hörnchen oder fertig gekaufte Spätzle)
2 EL Crème fraîche
1 EL edelsüßes Paprikapulver
Salz
1 EL Butter
1 EL gehackte Petersilie

Bohnen putzen und waschen. Zwiebel und Knoblauch schälen und hacken. 1 EL Öl erhitzen, Bohnen, Zwiebel und Knoblauch darin anbraten. Gemüsebrühe zugießen, aufkochen und die Bohnen zugedeckt bei schwacher Hitze 15 Minuten garen. Paprikaschoten putzen, waschen und in Streifen schneiden. Tomaten häuten, achteln und die Stielansätze dabei entfernen. Aubergine und Zucchini waschen, abtrocknen, von Stiel- und Blütenansätzen befreien und würfeln. Gewaschene Salbeiblättchen in Streifen schneiden. Restliches Öl in einer Pfanne erhitzen. Paprikaschoten, Tomaten, Auberginen, Zucchini und Salbei darin unter Rühren anbraten. Bohnen zugeben und weitere 5 Minuten garen, bis das Gemüse bißfest ist.
Parallel dazu die Nudeln in reichlich Salzwasser al dente kochen. Crème fraîche und Paprikapulver unter das Gemüse mischen, mit Salz abschmecken. Nudeln abgießen und gut abtropfen lassen. Mit der Butter mischen und auf vorgewärmte Teller geben. Das Gemüse darüber verteilen. Mit Petersilie bestreut servieren.

Beilage: Gemischter Salat mit Blattsalaten, Gurke, Radieschen und Möhren in Knoblauchdressing.

Nudeln mit Fenchel und Tomaten

1 Zwiebel
2 Knoblauchzehen
2 Fenchelknollen (je etwa 300 g)
500 g Tomaten
1 EL Öl
1 Becher Crème fraîche (200 g)
250 g Bandnudeln
2 Bund Basilikum
2 EL geriebener Bergkäse
Salz
Cayennepfeffer

Zwiebel und Knoblauchzehen schälen und hacken. Fenchelgrün abschneiden und beiseite legen. Knollen halbieren, den keilförmigen Strunk herausschneiden. Fenchel waschen und quer zu den Fasern in dünne Streifen schneiden. Tomaten häuten und würfeln, dabei die Stielansätze entfernen. Öl erhitzen. Zwiebel und Knoblauch darin glasig braten. Fenchel und Tomaten dazugeben, Crème fraîche untermischen, einmal aufkochen und zugedeckt bei schwacher Hitze etwa 20 Minuten garen.
Inzwischen die Nudeln in reichlich kochendem Salzwasser bißfest garen. Fenchelgrün und Basilikum waschen, trockentupfen und zerkleinern. Abgetropfte Nudeln und Käse unter das Gemüse mischen. Mit Salz und Pfeffer abschmecken, mit Fenchelgrün und Basilikum bestreuen.

Beilage: Rohkost mit Salatgurke, Radieschen, Rettich, Sonnenblumenkernen und Kräutern.

Grüne Nudeln in Käsesahne

(Abb. Seite 128)

1 Tomate
1 EL Butter
½ l Sahne
75 g frisch geriebener Parmesankäse
Salz
weißer Pfeffer
Muskatnuß
400 g grüne Bandnudeln

Tomate häuten und in kleine Würfel schneiden, Stielansatz und Kerne dabei entfernen. Butter zerlassen. Sahne zugießen und bei starker Hitze unter Rühren um etwa ¼ einkochen lassen. Topf vom Herd ziehen, Parmesan in die Sahne mischen und unter Rühren darin auflösen. Tomatenwürfel untermischen, Sauce mit Salz, Pfeffer und Muskatnuß abschmecken.
Nudeln in reichlich sprudelnd kochendem Salzwasser bißfest garen. Abgießen, abtropfen lassen und sofort mit der Sauce mischen.

Beilage: Grüner Salat mit Kräuter-Knoblauchdressing.

Vollkornnudeln mit Tomaten, Basilikum und Nüssen

400 g vollreife Tomaten
1 Zwiebel
1 Knoblauchzehe
1 kleines Bund Basilikum
1 EL Öl
200 g Crème fraîche
75 g geriebener Parmesankäse
Salz
frisch gemahlener weißer Pfeffer
400 g Vollkornnudeln
50 g gehackte Walnußkerne

Tomaten häuten und würfeln, dabei von den Stielansätzen befreien. Zwiebel und Knoblauch hacken. Die schönsten Basilikumblättchen abzupfen. Restliches Basilikum waschen und ganz fein hacken. Öl erhitzen. Zwiebel und Knoblauch darin glasig braten. Tomaten und Crème fraîche untermischen. Bei mittlerer Hitze etwa 5 Minuten schmoren. Käse zugeben und unter Rühren in der Sauce auflösen. Gehacktes Basilikum, Salz und Pfeffer untermischen. Sauce mit den bißfest gegarten, abgetropften Nudeln mischen. Auf Tellern anrichten. Mit den Nüssen bestreuen und mit den zurückbehaltenen Basilikumblättchen garnieren.

Grüne Nudeln in Kerbelsahne

1 EL Butter
½ l Sahne
75 g frisch geriebener Parmesankäse
frisch gemahlener weißer Pfeffer
Muskatnuß
400 g grüne Nudeln
1 Handvoll Kerbel

Butter zerlassen. Sahne zugießen und bei starker Hitze unter Rühren um etwa ein Viertel einkochen lassen. Topf vom Herd ziehen, Parmesan in die Sahne mischen und unter Rühren darin auflösen. Sauce mit Salz, Pfeffer und Muskatnuß abschmecken.
Nudeln in reichlich sprudelnd kochendem Salzwasser bißfest garen. Abgießen, abtropfen lassen und sofort mit der Sauce mischen. Gewaschenen Kerbel trockentupfen, grob zerkleinern und darüberstreuen.

Beilage: Grüner Salat mit Kräuter-Knoblauchdressing.

Spaghetti mit Zucchinigemüse

Für 3 Personen:

500 g Zucchini
2 kleine rote Zwiebeln
1 Knoblauchzehe
1 EL Sonnenblumenöl
1 EL getrockneter Thymian
1 Becher Sahne (250 g)
2 EL Tomatenmark
50 g frisch geriebener Parmesan
Salz
frisch gemahlener schwarzer Pfeffer
300 g Spaghetti
1 EL Butter
1 EL Sonnenblumenkerne
½ Bund Basilikum

Zucchini waschen, abtrocknen, von den Stiel- und Blütenansätzen befreien und in etwa 5 cm lange, bleistiftdicke Stifte schneiden. Zwiebeln und Knoblauchzehen schälen, Zwiebeln in Ringe schneiden, Knoblauch hakken. Öl erhitzen, Zucchini, Zwiebeln, Knoblauch und Thymian darin anbraten. Sahne zugießen, aufkochen und die Zucchini zugedeckt bei schwacher Hitze 2 Minuten garen. Tomatenmark und Käse untermischen. Zucchini mit Salz und Pfeffer würzen und zugedeckt warm halten.
Spaghetti in reichlich kochendem Salzwasser bißfest garen, abtropfen lassen, mit Butter und Sonnenblumenkernen mischen. Auf vorgewärmte Teller geben. Zucchinigemüse darüber verteilen. Mit dem gewaschenen, gehackten Basilikum bestreuen.

Beilage: Tomatensalat mit Schnittlauchdressing.

Vollkornspaghetti mit Tomaten-Paprika-Gemüse

500 g Tomaten
2 grüne Paprikaschoten (etwa 500 g)
1 Zwiebel
1 Knoblauchzehe
2 Zweige Thymian
½ Bund Petersilie
2 Blättchen Salbei
1 EL Olivenöl
1 Becher Crème fraîche (200 g)
1 Becher Sahne (200 g)
75 g frisch geriebener Pecorinokäse
Salz
frisch gemahlener schwarzer Pfeffer
1 Prise Cayennepfeffer
500 g Vollkornspaghetti

Tomaten häuten und würfeln, dabei Kerne und Stielansätze entfernen. Paprikaschoten putzen, von allen Kernen befreien und in Streifen schneiden. Zwiebel und Knoblauch schälen und fein hacken. Kräuter waschen und trockenschwenken. Thymianblättchen abzupfen, Petersilie und Salbei fein zerkleinern. Öl erhitzen. Zwiebel und Knoblauch darin glasig braten. Tomaten, Paprikaschoten und Kräuter unter Rühren etwa 2 Minuten mitschmoren. Crème fraîche zugeben. Nach und nach die Sahne zugießen. Gemüse unter Rühren bißfest garen, dabei die Flüssigkeit etwas einkochen lassen. Käse untermischen. Gemüse mit Salz, Pfeffer und Cayennepfeffer abschmecken.
Spaghetti in reichlich kochendem Salzwasser bißfest garen, abgießen und abtropfen lassen. Mit dem Gemüse mischen und sofort servieren.

Beilage: Gemischter Blattspinat (grüner Salat, Eichblatt und Romana) mit Kräutern.

Nudeln mit Sprossen

Für 2 Personen:

250 g gemischte Sprossen
1 Zwiebel
1 EL Butter
1 Becher Sahne (200 g)
Salz
frisch gemahlener weißer Pfeffer
1 EL Zitronensaft
1 EL frisch geriebener Parmesankäse
250 g Gabelspaghetti
½ Kästchen Gartenkresse

Sprossen kalt abspülen und abtropfen lassen. Zwiebel schälen und fein würfeln. In der heißen Butter glasig braten. Sprossen zugeben und unter Rühren etwa 1 Minute mitbraten. Sahne einrühren und die Sprossen in weiteren 2 Minuten garen. Mit Salz, Pfeffer und Zitronensaft abschmecken. Käse untermischen. Sprossen zugedeckt warm halten.
Spaghetti in reichlich kochendem Salzwasser bißfest garen, abtropfen lassen und mit den Sprossen mischen. Nudeln auf vorgewärmten Tellern anrichten. Kresseblättchen darüberstreuen.

Beilage: Tomatensalat mit Frühlingszwiebeln und Kräuterdressing.

Muschelnudeln in Gorgonzolasahne

125 g Gorgonzola
¾ l süße Sahne
frisch gemahlener weißer Pfeffer
400 g Muschelnudeln
Salz
2 EL gehackte Petersilie

Gorgonzola mit einer Gabel zerdrücken. Sahne zum Kochen bringen und den Käse darin unter Rühren schmelzen lassen. Sauce mit reichlich Pfeffer abschmekken. Nudeln in Salzwasser bißfest garen, abgießen und abtropfen lassen. Mit der Gorgonzolasahne mischen und mit Petersilie bestreut auf vorgewärmten Tellern anrichten.

Makkaroni mit Erbsen und Spargel

1 kleine Zwiebel
300 g grüner Spargel
1 EL Öl
⅛ l Gemüsebrühe
300 g Tiefkühl-Erbsen
⅛ l Sahne
400 g Weizenkeim-makkaroni
1 Bund Dill
Salz
frisch gemahlener weißer Pfeffer
Cayennepfeffer

Zwiebel schälen und sehr fein hacken. Spargel waschen, eventuell holzige Enden abschneiden. Stangen in etwa 2 cm lange Stücke schneiden. Öl erhitzen. Zwiebel darin glasig braten. Spargel und Brühe zugeben, aufkochen und zugedeckt 5 Minuten garen. Erbsen untermischen und nach dem Aufkochen 2 Minuten garen. Sahne zugeben, einmal aufkochen. Gemüse zugedeckt warm halten.
Makkaroni in reichlich Salzwasser al dente garen. Dill waschen, trockenschwenken und fein zerkleinern. Abgetropfte Makkaroni mit dem Gemüse mischen, mit Salz, Pfeffer und Cayennepfeffer pikant abschmecken und mit dem Dill bestreut sofort servieren.

Beilage: Gemischter Blattsalat mit Knoblauch-Kräuterdressing.

Nudeln in Kräutersauce

2 Bund Basilikum
2 EL Pinienkerne
50 g Parmesan
4 EL kaltgepreßtes Olivenöl
frisch gemahlener weißer Pfeffer
400 g Farfalle, Gabelspaghetti oder Hörnchennudeln
Salz

Basilikum waschen und trockentupfen. Mit Pinienkernen und zerbröckeltem Parmesan im Blitzhacker pürieren. In ein Schälchen geben und tropfenweise Öl unterrühren, bis eine dicke Paste entstanden ist. Mit Pfeffer abschmecken.
Nudeln in reichlich kochendem Salzwasser al dente garen. Paste mit 1 EL Nudelwasser mischen. Nudeln abgießen, abtropfen lassen und sofort mit der Kräutersauce vermengen.

Beilage: Tomaten-Gurkensalat mit Saure-Sahne-Dressing.

Buchweizenspaghetti in Zitronensauce

1 Zitrone
1 Bund Petersilie
1 EL Butter
2 EL gehackte Haselnußkerne
1 Becher Crème fraîche (200 g)
2 EL Sahne
frisch gemahlener weißer Pfeffer
400 g Buchweizen- oder Weizenkeimspaghetti
Salz

Ein etwa 2 cm langes Stück Zitronenschale mit einem Sparschäler abschneiden und in millimeterdünne Streifen schneiden. Zitrone auspressen. Petersilie waschen,

trockenschwenken und fein hacken. Butter zerlassen. Haselnüsse darin unter Rühren einige Minuten rösten. Nach und nach Crème fraîche zugießen und jeweils unter Rühren etwas einkochen lassen. Zitronenschale und Sahne untermischen.
Nudeln in kochendem Salzwasser al dente garen. Petersilie unter die Sauce mischen, Sauce mit Salz, Pfeffer und Zitronensaft abschmecken. Nudeln abgießen, abtropfen lassen und sofort mit der Zitronensauce mischen.

Gerstennudeln mit Kerbel-Gemüse

1 Zwiebel
1 Knoblauchzehe
500 g junge Kohlrabi
500 g Möhren
2 EL Butter
1/8 l Gemüsebrühe
400 g selbstgemachte, getrocknete Gerstennudeln oder fertig gekaufte Vollkornnudeln
Salz
2 Handvoll Kerbel
frisch gemahlener weißer Pfeffer
1/2 Becher Crème fraîche (100 g)
1 EL Sahnejoghurt

Zwiebel und Knoblauch schälen und hacken. Geschälte Kohlrabi und Möhren in Stifte schneiden. Zwiebel und Knoblauch in der Butter glasig braten. Gemüse zugeben und kurz anschwitzen. Gemüsebrühe zugießen, einmal aufkochen und zugedeckt bei schwacher Hitze 5—6 Minuten dünsten.
Inzwischen Nudeln in reichlich Salzwasser al dente garen. Kerbel waschen, trockentupfen und fein hacken. Gemüse mit Salz und Pfeffer würzen. Kerbel, Crème fraîche und Joghurt untermischen. Alles noch einmal erhitzen, aber nicht mehr aufkochen. Abgetropfte Nudeln mit dem Gemüse mischen.

Roggennudeln mit Tomaten und Löwenzahngemüse

1 Zwiebel
2 Knoblauchzehen
1 EL Olivenöl
1 TL getrockneter Oregano
1 kleine Dose Tomaten (Einwaage 280 g)
1 Handvoll frische Salbeiblätter
500 g Löwenzahn
1 EL Butter
1 Becher Crème fraîche (200 g)
Salz
frisch gemahlener weißer Pfeffer
400 g selbstgemachte, getrocknete Roggennudeln oder fertig gekaufte Vollkornnudeln
75 g frisch geriebener Parmesankäse

Zwiebel und Knoblauch schälen und fein hacken. Öl erhitzen. Zwiebel, Knoblauch und Oregano darin anschwitzen. Tomaten untermischen und bei starker Hitze unter häufigem Umrühren 3 Minuten schmoren. Salbei waschen und trockentupfen. Blättchen in feine Streifen schneiden. Löwenzahn waschen, trockenschwenken und grob zerkleinern. Butter zerlassen, Salbei darin anbraten. Löwenzahn zugeben, mit Salz und Pfeffer würzen. Crème fraîche unterrühren. Löwenzahn zugedeckt bei schwacher Hitze 5 Minuten garen. Gemüse und Tomaten mit Salz und Pfeffer abschmecken.
Nudeln bißfest garen, abtropfen lassen, mit Tomaten und Löwenzahn mischen. Auf vorgewärmten Tellern verteilen, mit dem Parmesan bestreuen.

Sojanudeln mit Pilzen

500 g Chamignons
Schale und Saft von
1 kleinen Zitrone
1 Zwiebel
2 Zweige Thymian
½ Bund Petersilie
1 EL Maiskeimöl
1 Becher Crème fraîche
(100 g)
50 g frisch geriebener
mittelalter Goudakäse
Salz
frisch gemahlener
schwarzer Pfeffer
Cayennepfeffer
400 g Soja-Bandnudeln
2 EL gehackte Hasel-
nußkerne

Pilze putzen, gegebenenfalls waschen, und in Stücke schneiden. Ein etwa 5 cm langes Stück Zitronenschale ganz dünn abschneiden und hacken. Zitrone auspressen. Saft und Schale mit den Pilzen mischen. Kräuter waschen und trockenschwenken. Thymianblättchen abzupfen, Petersilie fein zerkleinern. Öl erhitzen. Zwiebel und Thymian darin anbraten, bis die Zwiebel glasig ist. Pilze und Petersilie zugeben und bei starker Hitze unter häufigem Umrühren schmoren, bis die Flüssigkeit, die sich bildet, wieder verdampft ist. Crème fraîche nach und nach zugeben. Käse unterrühren. Mit Salz, Pfeffer und Cayennepfeffer abschmecken.
Nudeln in reichlich kochendem Salzwasser bißfest garen, abgießen und abtropfen lassen. Mit den Pilzen mischen, mit den Nüssen bestreuen und sofort servieren.

Beilage: Bohnensalat mit gewürfelten Tomaten.

Hirsenudeln mit Tomaten-Oliven-Sauce

1 Zwiebel
3 Knoblauchzehen
1 EL Olivenöl
1 große Dose geschälte Tomaten (Einwaage 480 g)
1 EL getrocknete provenzalische Kräutermischung
1 Prise Zucker
Salz
frisch gemahlener schwarzer Pfeffer
100 g schwarze Oliven
400 g Hirsenudeln
1 Bund Basilikum
50 g griechischer Schafkäse

Zwiebel und Knoblauch schälen und fein hacken. Öl erhitzen. Zwiebel und Knoblauch darin glasig braten. Tomaten und Kräutermischung zugeben. Bei starker Hitze unter häufigem Umrühren schmoren, bis die Sauce dickflüssig ist. Mit Zucker, Salz und Pfeffer aus der Mühle würzen. Oliven entsteinen, hacken und untermischen. In der Sauce ziehen lassen, Nudeln in reichlich Salzwasser bißfest garen. Basilikum waschen, trockentupfen und fein zerkleinern. Schafkäse zerkrümeln. Nudeln abtropfen lassen, mit der Sauce mischen und auf vorgewärmten Tellern anrichten. Basilikum und Schafkäse darüber verteilen.

Beilage: Gurkensalat mit gehackten Kürbiskernen, Dill und Joghurtdressing.

Spaghetti mit Spargel und Parmesansauce

300 g weißer Spargel
300 g grüner Spargel
1 l Wasser
Salz
1 Prise Zucker
1 TL Butter
1 Becher Sahne (200 g)
100 g frisch geriebener Parmesankäse
400 g Spaghetti
frisch gemahlener weißer Pfeffer
Muskatnuß
2 EL gehackte Petersilie

Weißen Spargel schälen, alle Spargelstangen waschen, eventuell holzige Enden abschneiden. Stangen in etwa 2 cm lange Stücke schneiden. Grünen Spargel und alle Spargelköpfe beiseite legen. Wasser mit Salz, Zucker und Butter zum Kochen bringen. Nur die weißen Spargelstücke (ohne Köpfe) darin aufkochen und zugedeckt 10 Minuten garen. Grünen Spargel und alle Köpfe zugeben und nach dem Aufkochen weitere 5 Minuten garen. Während der Spargel gart, Sahne aufkochen und Parmesan darin bei schwacher bis mittlerer Hitze unter häufigem Umrühren auflösen.
Spaghetti in reichlich Salzwasser al dente kochen. 1—2 EL Spargelwasser unter die Parmesansauce mischen, mit Pfeffer und Muskatnuß abschmecken. Abgetropfte Spaghetti und Spargel mit der Sauce mischen und mit Petersilie bestreut sofort servieren.

Spaghetti mit Petersilienbutter

Für 3 Personen:

1 großes Bund Petersilie
1 Schalotte oder kleine Zwiebel
100 g Butter
75 g Paniermehl
400 g Spaghetti
Salz
30 g frisch geriebener Parmesankäse
frisch gemahlener schwarzer Pfeffer

Petersilie waschen, trockentupfen und ganz fein zerkleinern. Geschälte Schalotte fein hacken. Butter zerlassen, Schalotte darin glasig braten. Die Hälfte der Petersilie und das Paniermehl zugeben und alles bei schwacher Hitze ziehen lassen.
Spaghetti in reichlich Salzwasser al dente garen. Abgetropft mit der Petersilienbutter, dem Parmesan und Pfeffer in einer Schüssel mischen. Auf vorgewärmten Tellern verteilen und mit der restlichen Petersilie bestreut servieren.

Beilage: Grüner Salat mit Sahne-Kräuterdressing.

Spaghetti mit Kräuter-Parmesan-Butter

(Abb. Seite 176)

500 g Spaghetti
1 EL Olivenöl
100 g Butter
3 EL Sahne
125 g geriebener Parmesan
je 1 kleines Bund Basilikum und glatte Petersilie
1 kleiner Thymianzweig
3—4 Rosmarinnadeln
2 Knoblauchzehen
Salz

Die Nudeln in kochendes Salzwasser geben. Das Olivenöl zufügen und die Nudeln im sprudelnden Wasser

8—10 Minuten al dente kochen. Auf ein Sieb zum Abtropfen geben. Die Butter cremig rühren und die Sahne unterrühren. Dann den Parmesan nach und nach dazugeben. Die Kräuter sehr fein hacken und zusammen mit den auf Salz zerriebenen, geschälten Knoblauchzehen zu der Butter-Käsemischung geben und gut vermengen. Die heißen Spaghetti wieder in den Topf zurückgeben und schnell und locker mit der Butter-Kräutermischung vermengen.

Chinanudeln mit Broccoli und Sojasauce

1 Zwiebel
3 EL Erdnußöl
2 Pakete Tiefkühl-Broccoli (600 g)
3 EL Gemüsebrühe
5 EL Sojasauce
2 EL getrockneter Sherry
Schale und Saft von ¼ unbehandelten Zitrone
Salz
Cayennepfeffer
500 g chinesische Eiernudeln
1 Frühlingszwiebel

Zwiebel schälen und hacken, im heißen Öl glasig braten. Broccoli, Gemüsebrühe, Sojasauce und Sherry zugeben. Zugedeckt 5 Minuten garen. Broccoli in Stücke schneiden, Sherry, abgeriebene Zitronenschale, Saft, Salz und eine kräftige Prise Cayennepfeffer untermischen. Zugedeckt warm halten.
Eiernudeln in sprudelnd kochendes Salzwasser geben, Topf von der Kochstelle nehmen, Nudeln 4 Minuten ziehen lassen. Mit einer Gabel durchrühren, abgießen und gut abgetropft mit dem Broccoli mischen. Gewaschene, geputzte Frühlingszwiebel mit etwa zwei Drittel der grünen Blätter ganz fein schneiden und über die Nudeln streuen.

Safrannudeln mit Blumenkohl

500 g Blumenkohlröschen
1 kleine Zwiebel
1 TL Butter
1 Briefchen Safranfäden
1/8 l Gemüsebrühe
1 Becher Crème fraîche (200 g)
Salz
400 g selbstgemachte, getrocknete Weizenvollkornnudeln (Rezept S. 42) oder gekaufte Weizenkeimnudeln
2 EL Zitronensaft
frisch gemahlener weißer Pfeffer
2 EL frisch geriebener Parmesankäse
1 EL gehackte Zitronenmelisse oder Petersilie

Blumenkohl putzen, waschen und abtropfen lassen. Geschälte Zwiebel hacken. Butter erhitzen. Zwiebel darin glasig braten. Safran zwischen den Fingern zerreiben, zugeben und unter Rühren etwa 1 Minute anschwitzen. Blumenkohl, Gemüsebrühe und Crème fraîche untermischen. Mit Salz würzen, einmal aufkochen und zugedeckt bei schwacher Hitze 15 Minuten garen, bis der Blumenkohl bißfest ist.
Inzwischen Nudeln in reichlich Salzwasser al dente kochen. Blumenkohl mit Zitronensaft und Pfeffer abschmecken. Mit den abgetropften Nudeln und dem Parmesan mischen, auf vorgewärmten Tellern verteilen und mit der Zitronenmelisse bestreut servieren.

Beilage: Rohkost aus Möhren und Kohlrabi mit Kräutern.

Schnittlauchnudeln mit roten Beten

500 g rote Beten
1 kleine rote Zwiebel
1 Knoblauchzehe
1 EL Sonnenblumenöl
50 ccm Gemüsebrühe
1 EL Zitronensaft
1 Becher Crème fraîche (200 g)
2 EL Sahne
Salz
frisch gemahlener schwarzer Pfeffer
400 g selbstgemachte, getrocknete »Hirsenudeln« (Rezept S. 47) oder gekaufte Hirsenudeln
2 Bund Schnittlauch
100 g griechischer Schafkäse

Rote Beten waschen, schälen und grob raspeln. Zwiebel und Knoblauch schälen, Zwiebeln in Ringe schneiden, Knoblauch hacken. Öl erhitzen, rote Beten, Zwiebel und Knoblauch darin anbraten. Gemüsebrühe, Zitronensaft und Crème fraîche zugeben, aufkochen und die roten Beten zugedeckt bei schwacher Hitze in etwa 5 Minuten bißfest garen. Sahne untermischen. Rote Beten mit Salz und Pfeffer würzen und zugedeckt warm halten. Nudeln in reichlich kochendem Salzwasser al dente garen. Schnittlauch waschen, trockentupfen und in feine Röllchen schneiden. Rote Beten mit abgetropften Nudeln und etwa zwei Drittel des Schnittlauchs mischen. Auf vorgewärmte Teller geben. Zerkrümelten Schafkäse und restlichen Schnittlauch darüber verteilen.

Beilage: Gemischte Blattsalate mit Kräuterdressing.

Spaghetti mit Oliven-Sardellen-Sauce

(Abb. Seite 177)

5 Sardellenfilets
300 g gut reife Fleischtomaten
50 g schwarze Oliven
3 Knoblauchzehen
1 EL Kapern
5 EL Olivenöl
Salz
1 Msp getrockneter Oregano
1 Msp Cayennepfeffer
Salz
500 g Spaghetti

Die Sardellenfilets wenn nötig wässern, dann trockentupfen und fein hacken. Die Tomaten kurz in kochendes Wasser tauchen und die Haut abziehen, die Stielansätze entfernen. Das Fruchtfleisch kleinhacken. Die Oliven entsteinen und fein hacken. Die Knoblauchzehen schälen und ebenfalls fein hacken, ebenso die Kapern. Das Öl in einer Kasserolle erhitzen. Die Sardellen, die Oliven, den Knoblauch und die Kapern darin unter ständigem Rühren ca. 5 Minuten anbraten, dann die Tomaten hinzufügen. Mit dem Salz, dem Oregano und dem Cayennepfeffer würzen. Die Sauce bei mittlerer Hitze ca. 30 Minuten ohne Deckel köcheln lassen. Das Wasser mit dem Salz zum Kochen bringen und die Spaghetti darin 8—10 Minuten sprudelnd kochen lassen.
Auf ein Sieb abtropfen lassen und mit der Sauce servieren.

Spaghetti mit Kräuter-Parmesanbutter ▷
(Rezept S. 172)

Vollkornnudeln in Morchelsahne

Für 4—6 Personen:

2 Päckchen getrocknete Morcheln oder Steinpilze (etwa 40 g)
200 ccm Wasser
1 Schalotte
1 TL Butter
1 Becher Sahne (200 g)
50 g frisch geriebener mittelalter Goudakäse
Salz
frisch gemahlener weißer Pfeffer
400 g selbstgemachte, getrocknete »Weizenvollkornnudeln mit Eiern« (Rezept S. 42) oder gekaufte Vollkornnudeln
2 EL gehackte Petersilie

Morcheln 4 Stunden im Wasser einweichen. Pilze herausnehmen, auf einem Sieb gründlich abspülen. Einweichwasser durch eine Kaffeefiltertüte gießen. Geschälte Schalotte fein hacken. Mit den Morcheln in der heißen Butter bei mittlerer Hitze unter Rühren 2 Minuten anbraten. Wechselweise nach und nach das Einweichwasser und die Sahne zugießen. Flüssigkeit jeweils bei starker Hitze dickflüssig einkochen lassen. Von der Kochstelle ziehen, Käse einrühren, Sauce mit Salz und Pfeffer abschmecken und zugedeckt warm halten.
Nudeln in sprudelnd kochendem Salzwasser bißfest garen. Abgießen, abtropfen lassen und mit der Sauce mischen. Petersilie darüberstreuen.

Beilage: Kopfsalat mit Kräutervinaigrette.

◁ *Spaghetti mit Oliven-Sardellensauce*
(Rezept S. 176)

Sesamnudeln

Für 3 Personen:

2 Knoblauchzehen
½ Bund Petersilie
4 EL Sonnenblumenöl
50 g Sesamsamen
300 g selbstgemachte, getrocknete »Weizenvollkornnudeln ohne Eier« (Rezept S. 43) oder gekaufte Sechskorn-Bandnudeln
Salz
30 g frisch geriebener mittelalter Goudakäse
frisch gemahlener schwarzer Pfeffer

Geschälte Knoblauchzehen fein hacken. Petersilie waschen, trockentupfen und ganz fein zerkleinern. Öl erhitzen, Sesamsamen darin bei mittlerer Hitze unter ständigem Rühren rösten, bis sie zart duften. Die Hälfte der Petersilie und den Knoblauch zugeben, Pfanne von der Kochstelle nehmen.
Nudeln in Salzwasser al dente garen. Abgetropft mit der Sesammischung, dem Käse und Pfeffer in einer Schüssel verrühren. Auf vorgewärmten Tellern verteilen und mit der restlichen Petersilie bestreut servieren.

Beilage: Kohlrabirohkost mit Joghurt und Kräutern.

Spezialitäten

»Fleckerl« mit Paprikakraut

(Österreich)

1 kg Sauerkraut
1 große Zwiebel
2 Knoblauchzehen
1 Apfel
1 EL Öl
⅛ l Gemüsebrühe
½ EL Kümmel
400 g frische Teigplatten (Rezept »Hafernudeln«, S. 45)
1 EL Butter
1—2 EL Paprikapulver edelsüß
Salz
Cayennepfeffer
1 Becher saure Sahne (200 g)
1 Bund Petersilie

Sauerkraut abtropfen lassen und mit zwei Gabeln zerpflücken. Zwiebel und Knoblauch schälen und hacken. Apfel vierteln, schälen, Kerngehäuse herausschneiden. Öl erhitzen, Zwiebel und Knoblauch darin glasig braten. Sauerkraut, Apfel und Gemüsebrühe zugeben, Kümmel untermischen. Einmal aufkochen und zugedeckt bei schwacher Hitze 45 Minuten garen.
Teigplatten in Quadrate (»Fleckerl«) von etwa 2 cm Kantenlänge schneiden. Fleckerl in reichlich sprudelnd ko-

chendem Salzwasser 1—2 Minuten garen, abgießen, abtropfen lassen und mit der Butter mischen. Sauerkraut mit Paprikapulver, Salz und Cayennepfeffer abschmekken. Fleckerl vorsichtig daruntermischen. Saure Sahne mit der gewaschenen, gehackten Petersilie verrühren. Fleckerl auf vorgewärmten Tellern verteilen, die Sahne daraufgeben.

Anmerkung: Statt selbstgemachter »Fleckerl« können Sie 250 g fertig gekaufte Vollkornbandnudeln nehmen. Die Nudeln etwa 6 Minuten garen.

Kärntner Käsenudeln

(Österreich)

150 g Butter
1 gekochte Kartoffel (200 g, mehlige Sorte)
1 Handvoll frischer Kerbel
1 Bund Petersilie
250 g Schichtkäse
½ kleiner Becher saure Sahne (50 g)
1 Eigelb
Salz
frisch gemahlener weißer Pfeffer
400 g Teigplatten von »Weizenvollkornnudeln mit Ei« (Rezept S. 42)
Mehl für die Arbeitsfläche
2 EL Paniermehl

Für die Füllung 50 g Butter zerlassen. Kartoffel schälen und durch die Presse drücken. Kerbel und Petersilie waschen, sehr gut trockentupfen und fein hacken. Zerlassene Butter, Kartoffeln, etwa die Hälfte der Kräuter, Schichtkäse, saure Sahne und Eigelb zu einer glatten Masse verkneten. Mit Salz und Pfeffer kräftig abschmekken.
Teigplatten auf der leicht bemehlten Arbeitsfläche ausbreiten und mit einer Ausstechform in etwa 5 cm große

Quadrate schneiden. Füllung darauf verteilen, Quadrate diagonal zusammenklappen. Die Ränder mit den Zinken einer Gabel fest zusammendrücken.
Käsenudeln in reichlich sprudelnd kochendem Salzwasser 3—6 Minuten al dente garen. Inzwischen die restliche Butter zerlassen, Paniermehl darin leicht anrösten. Abgetropfte Käsenudeln auf vorgewärmten Tellern anrichten, mit der Butter beträufeln und mit den restlichen Kräutern bestreut sofort servieren.

Anmerkung: Im Originalrezept werden die Käsenudeln anstelle der Bröselbutter mit knusprig gebratenen Speckwürfeln angerichtet.

Käsenudeln mit Kartoffeln und Zwiebeln

(Schweiz)

400 g Zwiebeln
50 g Butter
250 g vorwiegend festkochende Kartoffeln
1½ l Gemüsebrühe
250 g Hörnchennudeln
250 g frisch geriebener Greyerzer oder Schweizer Emmentaler Käse
frisch gemahlener schwarzer Pfeffer
1 Bund Petersilie

Zwiebeln schälen, halbieren und in feine Streifen schneiden. In der zerlassenen Butter bei schwacher bis mittlerer Hitze unter häufigem Wenden weich und goldbraun braten. Währenddessen Kartoffeln schälen, waschen, halbieren und in dünne Scheiben schneiden. In der Gemüsebrühe einmal aufkochen und 3 Minuten kochen. Nudeln zugeben und weitere 6—8 Minuten garen, bis die Kartoffeln weich und die Nudeln bißfest sind. Abgießen (Gemüsebrühe auffangen und für eine Suppe verwenden), abtropfen lassen und lagenweise mit dem Käse und den Zwiebeln in eine tiefe, vorgewärmte Platte füllen. Mit reichlich Pfeffer bestreuen. Gewaschene, fein gehackte Petersilie darüberstreuen.

Beilage: Grüner Salat mit Knoblauch-Kräutervinaigrette.

Kichererbsen mit Nudeln

(Spanien)

250 g Kichererbsen
3 Zwiebeln
1 Lorbeerblatt
2 Gewürznelken
1 Bund Petersilie
½ l Gemüsebrühe
750 g vollreife Tomaten
3 Knoblauchzehen
1 frische Pfefferschote
1 EL Olivenöl
Salz
1 Prise Zucker
250 g kurze Nudeln (Spiralen, fertig gekaufte Spätzle oder Hörnchen)
30 g Butter
½ Päckchen gemischte Tiefkühl-Kräuter

Kichererbsen mit einer geschälten Zwiebel, Lorbeerblatt, Gewürznelken und Petersilienstielen (die Blättchen zum Bestreuen des Gerichts beiseite legen) in der Gemüsebrühe aufkochen und zugedeckt bei schwacher Hitze 1¾ Stunden garen.
Tomaten häuten und würfeln, dabei von den Stielansätzen befreien. Restliche Zwiebeln und die Knoblauchzehen schälen und grob hacken. Pfefferschote putzen, halbieren, alle Kerne entfernen, Schote in millimeterdünne Streifen schneiden. Zwiebeln und Knoblauch im heißen Öl glasig braten. Tomaten, Pfefferschote und Kichererbsen zugeben (mitgekochte Zwiebel vorher herausnehmen), mit Salz und Zucker würzen, einmal aufkochen und zugedeckt bei schwacher Hitze 15 Minuten garen.
Inzwischen Nudeln in reichlich Salzwasser bißfest garen.

Kichererbsengemüse mit den abgetropften Nudeln, der Butter und den Kräutern mischen. Die Petersilienblättchen hacken und darüberstreuen.

Spaghetti mit Knoblauch, Öl und Pfefferschote

(Italien)

4 Knoblauchzehen
1 Bund Petersilie
1 getrocknete rote Pfefferschote
6 EL Olivenöl
400 g Spaghetti
Salz
50 g frisch geriebener Pecorinokäse

Knoblauchzehen schälen und ganz fein zerkleinern. Petersilie waschen, trockenschwenken und fein hacken. Pfefferschote zwischen den Fingern reiben, damit sie aufbricht; nach Wunsch alle oder einen Teil der scharfen Kerne entfernen. Öl erhitzen, Knoblauch, etwa ein Drittel der Petersilie und Pfefferschote darin bei schwacher Hitze ziehen lassen, während die Nudeln garen.
Spaghetti in reichlich sprudelnd kochendem Salzwasser al dente garen, sehr gut trockenschwenken und in eine vorgewärmte Schüssel geben. Mit dem Knoblauchöl mischen. Auf heißen Tellern anrichten, mit dem Rest der Petersilie und dem Käse bestreut sofort servieren.

Beilage: Tomatensalat mit frischem Basilikum, Balsamessig und kaltgepreßtem Olivenöl.

Minestrone

(Italien)

Für 6—8 Personen:

150 g getrocknete weiße Bohnen
1 l Wasser
2 Zwiebeln
2 Knoblauchzehen
1 Lorbeerblatt
200 g Möhren
2 Petersilienwurzeln
2 Stangen Sellerie
1 Stange Porree
250 g Weißkraut
500 g vollreife Tomaten
1 Zweig frischer Rosmarin
2 EL Olivenöl
1 Paket Tiefkühl-Dicke Bohnen (300 g)
1 Paket Tiefkühl-Erbsen (300 g)
1½ l Gemüsebrühe
100 g Vollkorn-Hörnchennudeln
Salz
frisch gemahlener schwarzer Pfeffer
1 Bund Petersilie
100 g frisch geriebener Parmesankäse

Getrocknete Bohnen im Wasser zugedeckt 8 Stunden einweichen. Am nächsten Tag mit dem Einweichwasser, je einer geschälten Zwiebel und Knoblauchzehe sowie dem Lorbeerblatt zum Kochen bringen und zugedeckt bei schwacher Hitze 1¾ Stunden garen. Die Zwiebel, den Knoblauch und das Lorbeerblatt dann entfernen.
Während die Bohnen kochen, die restliche Zwiebel und den Knoblauch schälen und fein hacken. Möhren und Petersilienwurzeln schälen, waschen und würfeln. Sellerie und Porree putzen, waschen und in Stücke schneiden. Vom Weißkraut den Strunk abschneiden, die Blätter waschen und in nicht zu feine Streifen teilen. Tomaten häuten und würfeln, dabei die Stielansätze herausschneiden. Rosmarin waschen, Nadeln abstreifen und hacken.
Öl in einem großen Topf erhitzen. Zwiebel und Knob-

lauch darin bei mittlerer bis schwacher Hitze unter Rühren glasig braten. Alle frischen Gemüse, Tiefkühl-Gemüse, Tomaten, Rosmarin und vorgegarte Bohnen mit der verbliebenen Flüssigkeit in den Topf geben. Gemüsebrühe dazugießen. Suppe zum Kochen bringen und zugedeckt 15 Minuten garen.
Inzwischen die Nudeln in reichlich Salzwasser bißfest kochen. Petersilie waschen, trockentupfen und fein hakken. Suppe mit Salz und Pfeffer abschmecken, mit den abgetropften Nudeln mischen und in eine Terrine füllen. Die Petersilie darüberstreuen. Käse dazu servieren.

Käsespätzle mit Zwiebeln

(Deutschland)

400 g Zwiebeln
1 Bund Petersilie
75 g Butter
Teig »Weiße Spätzle« (Rezept S. 52)
300 g geriebener Emmentaler Käse

Zwiebeln schälen, halbieren und in dünne Streifen schneiden. Petersilie waschen, trockentupfen, Stiele abschneiden und ganz fein hacken. Blättchen beiseite legen. Butter zerlassen. Zwiebel und Petersilienstiele darin bei schwacher bis mittlerer Hitze unter häufigem Wenden braten, bis die Zwiebeln weich und goldbraun sind. Währenddessen die Spätzle in reichlich kochendem Salzwasser portionsweise garen, bis sie an die Oberfläche steigen, mit einem Schaumlöffel herausnehmen, schichtweise mit dem Käse in eine vorgewärmte Schüssel füllen und warm halten. Käsespätzle mit den Zwiebelringen und den fein gehackten Petersilienblättchen belegt anrichten.

Beilage: Grüner Salat mit Kräuterdressing.

Rigatoni mit Auberginengemüse

(Süditalien)

1 kg Auberginen
1 Zwiebel
2 Knoblauchzehen
1 Bund frischer Thymian
knapp 1/8 l Olivenöl
1 kleine Dose geschälte Tomaten (Einwaage 240 g)
Salz
frisch gemahlener schwarzer Pfeffer
500 g Rigatoni (oder Penne)
1/2 Becher Crème fraîche (100 g)
1 Bund Petersilie
100 g frisch geriebener Parmesan- oder Pecorinokäse

Auberginen waschen, abtrocknen, von den Blütenansätzen befreien und einmal der Länge nach halbieren. Die Hälften in Scheiben schneiden. Zwiebel und Knoblauch schälen und hacken, Thymian waschen, Blättchen abzupfen. Öl nach und nach erhitzen. Auberginen darin portionsweise bei schwacher bis mittlerer Hitze weich braten, jeweils herausnehmen und warm halten. Wenn alle Auberginen gebraten sind, Zwiebel und Knoblauch anbraten, Auberginen, Thymian und Tomaten zugeben, mit Salz und Pfeffer würzen und 5 Minuten garen.
Währenddessen Rigatoni in reichlich Salzwasser al dente kochen. Crème fraîche unter das Gemüse rühren und nur erhitzen. Abgetropfte Rigatoni mit den Auberginen mischen, auf vorgewärmten Tellern anrichten und mit der gewaschenen, gehackten Petersilie und dem Käse bestreuen.

Beilage: Fenchelsalat mit Möhren und Walnußkernen.

Gebackene Penne mit Mozzarella und Tomaten

(Süditalien)

1 kg vollreife Eiertomaten
1 große Zwiebel
2 Knoblauchzehen
1 Bund Suppengrün
4 EL Olivenöl
Salz
1 Prise Zucker
frisch gemahlener schwarzer Pfeffer
400 g Penne
300 g Mozzarella
100 g frisch geriebener Parmesankäse
1 Bund Basilikum

Tomaten häuten, von Stielansätzen und Kernen befreien und hacken. Zwiebel und Knoblauch schälen und fein zerkleinern. Suppengrün putzen, waschen und ebenfalls sehr fein schneiden. Öl erhitzen. Zwiebel, Knoblauch und Suppengrün darin anbraten. Tomaten zugeben und unter Rühren mitschmoren. Zugedeckt bei schwacher Hitze etwa 2 Stunden sanft köcheln lassen. Mit Salz, Zucker und Pfeffer kräftig würzen.
Penne in sprudelnd kochendem Salzwasser etwa 3 Minuten garen; sie sollen außen weich sein, innen jedoch noch einen harten »Kern« haben. Abgießen, gut abtropfen lassen und mit der Tomatensauce mischen. In eine große Pfanne geben und gleichmäßig darin verteilen. Mozzarella in Scheiben schneiden und auf die Penne legen. Parmesan darüberstreuen. Pfanne fest schließen. Penne bei mittlerer Hitze etwa 10 Minuten backen, bis der Mozzarella zerlaufen ist und die Penne al dente sind. Basilikum waschen, trockenschwenken und grob hacken. Penne damit bestreuen.

Nudelpfanne mit Gemüse
(China)

5 Chinapilze (Shiitake)
¼ l Wasser
300 g Möhren
1 Kohlrabiknolle (etwa 200 g)
150 g Porree
1 Stück frische Ingwerwurzel (etwa 2 cm lang)
5 EL Erdnußöl
1 Paket Tiefkühl-Erbsen (300 g)
3 EL Sojasauce
1 EL trockener Sherry
250 g chinesische Eiernudeln
Salz
frisch gemahlener weißer Pfeffer
1 Bund Schnittlauch

Chinapilze im Wasser zugedeckt 5 Stunden einweichen. Pilze herausnehmen, in Streifen schneiden. Einweichwasser durch eine Kaffeefiltertüte gießen. Möhren schälen, waschen und in bleistiftdicke Stifte schneiden. Kohlrabiblättchen abschneiden, welke Blätter wegwerfen, die zarten beiseite legen. Knollen schälen und in etwa fingerdicke Stifte schneiden. Porree putzen, waschen und mit etwa zwei Drittel der hellgrünen Blätter in fingerbreite Stücke teilen. Ingwerwurzel wie eine Kartoffel schälen und halbieren.

2 EL Öl erhitzen. Pilze, Möhren- und Kohlrabistifte darin anbraten. Porree, Ingwer und Erbsen zugeben und unter ständigem Wenden etwa 2 Minuten braten. Einweichwasser der Pilze, Sojasauce und Sherry zugießen, aufkochen und zugedeckt bei schwacher Hitze 5 Minuten garen.

Inzwischen die Eiernudeln in reichlich Salzwasser einmal aufkochen. Topf von der Kochstelle nehmen, Nudeln 4 Minuten ziehen lassen, abgießen und sehr gut abtropfen lassen. Nudeln im restlichen heißen Öl unter ständigem Wenden 2 Minuten braten. Zerkleinerte

Kohlrabiblättchen unter das Gemüse mischen. Nudeln locker mit dem Gemüse vermengen, mit Pfeffer und eventuell Salz würzen und mit dem gewaschenen, zerkleinerten Schnittlauch bestreut auf vorgewärmten Tellern anrichten.

Spaghetti mit rohen Tomaten und Kräutern

(Mittelitalien)

750 g vollreife Eiertomaten
1 kleine Zwiebel
2 Knoblauchzehen
je 1 Bund Basilikum und glatte Petersilie
1 Zweig frischer Thymian
4 EL kaltgepreßtes Olivenöl
Salz
frisch gemahlener schwarzer Pfeffer
400 g Spaghetti

Tomaten häuten und würfeln, dabei die Stielansätze und die Kerne entfernen. Zwiebeln und Knoblauch schälen, ganz fein hacken. Basilikum und Petersilie waschen, trockentupfen und fein zerkleinern. Thymian waschen, trockentupfen und die Blättchen abstreifen. Alle diese Zutaten in einer großen Schüssel mit dem Olivenöl mischen und zugedeckt mindestens 1 Stunde ziehen lassen. Mit Salz und Pfeffer kräftig abschmecken. Spaghetti in reichlich Salzwasser bißfest garen, abtropfen lassen, mit Tomaten mischen und sofort servieren.

Anmerkung: Das Gericht schmeckt am besten mit sehr dünnen Spaghetti (Linguine).

Glasnudeln mit Sellerie und Pilzen

(China)

10 getrocknete Chinapilze (Mu-Err)
¼ l Wasser
150 g Glasnudeln
1 Bund Frühlingszwiebeln
500 g Stangensellerie
100 g Champignons
1 frische Pfefferschote
1 Knoblauchzehe
3 EL Sojaöl
4 EL Sojasauce
3 EL Zitronensaft
Salz
½ Bund Petersilie

Pilze im Wasser zugedeckt 5 Stunden einweichen. Glasnudeln in reichlich Wasser 30 Minuten quellen lassen. Pilze herausnehmen und in Streifen schneiden. Einweichwasser durch eine Kaffeefiltertüte gießen. Frühlingszwiebeln und Sellerie putzen und waschen. Zwiebeln mit etwa zwei Drittel der grünen Blätter in Ringe schneiden. Sellerieblättchen abzupfen und beiseite legen. Stangen in fingerbreite Stücke teilen. Champignons putzen, gegebenenfalls waschen, blättrig schneiden. Pfefferschote putzen, halbieren, Kerne entfernen. Knoblauch schälen.

Öl erhitzen. Zwiebeln, Sellerie, Pilzstreifen, Champignons, Pfefferschote und Knoblauch darin unter ständigem Wenden 3 Minuten braten. Abgetropfte Glasnudeln, Einweichwasser der Pilze, Sojasauce und Zitronensaft zufügen, mit Salz würzen und weitere 2 Minuten garen. Petersilie waschen, trockentupfen, sehr fein hacken und untermischen. Mit den grob gehackten Sellerieblättchen bestreut servieren.

Reisrollen mit Glasnudeln und Gemüse

(Ostasien)

100 g Glasnudeln
16 Blätter Reispapier
250 g Möhren
200 g Kohlrabi
2 Frühlingszwiebeln
1 Bund Petersilie
½ unbehandelte Zitrone
3 EL Sojaöl
⅛ l Sojasauce
Salz
frisch gemahlener weißer Pfeffer
1 frische Pfefferschote
1 Bund Schnittlauch

Glasnudeln mit Wasser übergießen und 30 Minuten quellen lassen. Mehrere Küchentücher in kaltes Wasser tauchen, auswringen und nebeneinander auf der Arbeitsfläche ausbreiten. Reispapierblätter nebeneinander darauflegen, mit feuchten Tüchern bedecken und in etwa 15 Minuten so geschmeidig werden lassen, daß man sie aufrollen kann.
Inzwischen Möhren und Kohlrabi schälen, waschen, abtrocknen und in feine Stifte schneiden. Frühlingszwiebeln putzen, waschen und etwa ein Drittel der grünen Blätter entfernen. Die Zwiebelstangen in knapp fingerlange Stücke schneiden und der Länge nach in feine Streifen teilen. Gewaschene Petersilie trockentupfen und sehr fein hacken. Zitronenschale dünn abschälen und in millimeterdünne Streifen teilen. Zitrone auspressen. Glasnudeln abtropfen lassen und vorsichtig mit den Händen ausdrücken. Nudeln mit Möhren, Kohlrabi, Zwiebelstreifen, Petersilie, Zitronenschale, je 2 EL Zitronensaft, Öl und Sojasauce sowie mit Salz und Pfeffer mischen und 10 Minuten zugedeckt ziehen lassen.
Jeweils zwei Reispapierblätter übereinanderlegen. Nudel-Gemüsemischung darauf verteilen. Blätter aufrollen, auf Teller legen und eventuell übrig behaltene Füllung

daneben anrichten. Pfefferschote putzen, waschen, von allen Kernen befreien und hacken. Gewaschenen Schnittlauch in feine Röllchen schneiden. Beide Zutaten mit dem restlichen Zitronensaft, der Sojasauce und dem Öl vermischen. Die Reisrollen mit etwas Sauce beträufeln. Die restliche Sauce in ein Schälchen füllen und als Dip zu den Reisrollen servieren.

Gebackene Nudeln mit Sprossengemüse

(Ostasien)

100 g Mungobohnen
20 g Sonnenblumenkerne
je 10 g Alfalfa- und Senfsamen
250 g feine Vollkornsuppennudeln
Salz
200 ccm heiße Gemüsebrühe
50 g Sonnenblumenkerne
25 g Butter
2 Bund Frühlingszwiebeln
1 kleine rote Zwiebel
1 Knoblauchzehe
2 EL Sonnenblumenöl
frisch gemahlener schwarzer Pfeffer
1 EL gehackte Petersilie
Fett für die Form

Mungobohnen vier Tage, Sonnenblumenkerne, Alfalfa und Senf getrennt drei Tage keimen lassen (*siehe* Seite 38, Stichwort »Sprossen«).
Nudeln in reichlich sprudelnd kochendem Salzwasser aufkochen, 2 Minuten sprudelnd kochen, abgießen und mit 7 EL Gemüsebrühe in eine gefettete, ofenfeste Form mit niedrigem Rand geben. Nüsse und Butterflöckchen darüber verteilen. Form in den heißen Backofen stellen, Nudeln bei 180°C 30 Minuten backen.
Frühlingszwiebeln putzen, waschen, trockenschwenken und mit etwa zwei Drittel der grünen Blätter in 2 cm lange Stücke schneiden. Rote Zwiebel und Knoblauch

schälen. Zwiebel in Ringe schneiden. Knoblauch hakken. Öl erhitzen. Mungobohnen, Frühlingszwiebeln und Zwiebelringe bei starker Hitze unter Rühren anbraten, bis sich die Mungosprossen zartgrün färben. Knoblauch und restliche Gemüsebrühe zugeben, aufkochen und zugedeckt 1 Minute dünsten. Sonnenblumen-, Alfalfa- und Senfsprossen untermischen. Mit Salz und Pfeffer abschmecken, mit Petersilie bestreuen. Zu den gebackenen Nudeln servieren.

Süßsaurer Tofu mit gebratenen Nudeln

(Ostasien)

250 g Tofu
5 EL Sojasauce
1 Knoblauchzehe
1 frische rote Pfefferschote
100 ccm Erdnußöl
1 kleine Dose Tomaten (Einwaage 240 g)
1/8 l Gemüsebrühe
1 kleine Orange
3 EL Rotweinessig
1 El Honig
1 Stange Sellerie (etwa 100 g)
1 Möhre (etwa 100 g)
1 TL Weizenvollkornmehl
500 g chinesische Eiernudeln
Salz
1/2 Bund Petersilie

Abgetropften Tofu in Würfel von etwa 2 cm schneiden. In 3 EL Sojasauce 2 Stunden zugedeckt marinieren. Für die süßscharfe Sauce Knoblauch schälen und hacken. Pfefferschote halbieren, einen Teil der Kerne entfernen, Hälften in feine Streifen schneiden. 1 EL Öl erhitzen. Knoblauch und Pfefferschote darin kurz anbraten. Tomaten mit der Flüssigkeit zugeben und bei mittlerer bis starker Hitze unter ständigem Rühren zu einem dicken Mus einkochen lassen. Restliche Sojasauce, Gemüse-

brühe, Orangensaft, Essig und Honig zugeben. Unter Rühren aufkochen und zugedeckt bei schwacher Hitze 15 Minuten kochen lassen.
Sellerieblättchen abschneiden, Stange waschen und in dünne Scheiben schneiden. Geschälte Möhre in feine Stifte schneiden. Petersilie waschen, trockentupfen, Blättchen abzupfen. Stiele ganz fein hacken. 4 EL Öl erhitzen. Tofu darin bei starker Hitze unter Rühren goldbraun braten. Mit Mehl bestäuben. Sellerie, Möhre und gehackte Petersilienstiele zufügen, kurz mitbraten.
Eiernudeln in sprudelnd kochendem Salzwasser aufkochen, von der Kochstelle nehmen und 4 Minuten ziehen lassen. Sehr gut abtropfen lassen und im restlichen heißen Öl unter ständigem Wenden etwa 1 Minute braten.
Tofu in eine vorgewärmte Schüssel geben. Sauce mit Salz abschmecken und darübergießen. Mit Petersilien- und Sellerieblättchen bestreuen. Nudeln entweder untermischen oder gesondert dazu servieren.

Alphabetisches Register

R

S

Register nach Sachgruppen

RAVIOLI & CO.

SALATE

SCHNELLE NUDELKÜCHE